Komm in unsere Mitte, Herr!

MATERIALIEN ZUR GEMEINDEARBEIT

- [ ] Kleinkinder
- [x] Kinder
- [ ] Jugendliche
- [ ] Familien
- [ ] Senioren

Bibliographische Informationen Der Deutschen Bibliothek

Die Deutsche Bibliothek verzeichnet diese Publikation in der Deutschen Nationalbibliografie; detaillierte bibliografische Daten sind im Internet über http://dnb.ddb.de abrufbar.

1. Auflage
Umschlag: Gerd Ulmer / Dieter Kani
Typografie und Herstellung: Dieter Kani, Stuttgart
Druck und Bindearbeiten:
fgb freiburger graphische betriebe, Freiburg i. Br.

ISBN 978-3-7797-0567-3 (Verlag Junge Gemeinde)
ISBN 978-3-460-25112-0 (Verlag Kath. Bibelwerk)

Peter Hitzelberger (Hg.)

Komm in unsere Mitte, Herr!

Mit Legematerialien Gottesdienste gestalten und bereichern

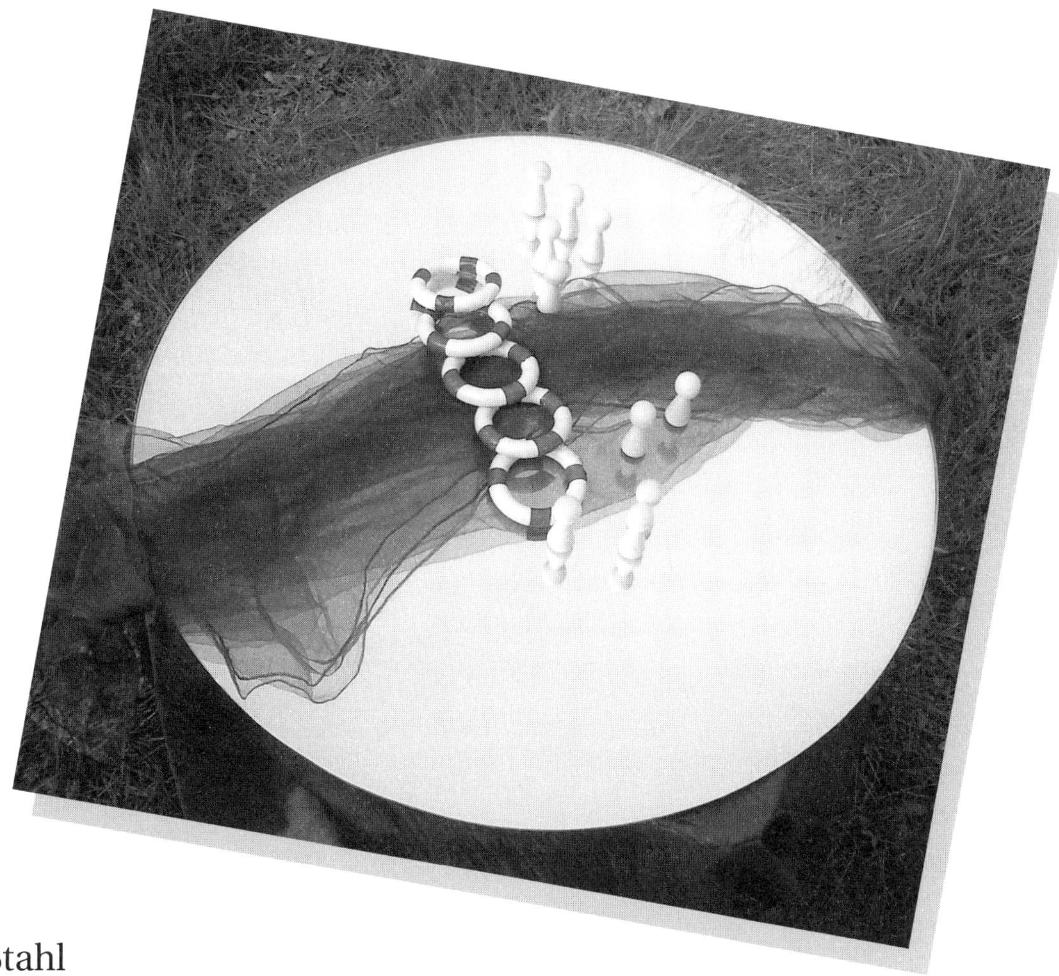

Zeichnungen:
Dorothea Layer-Stahl

Verlag
Junge Gemeinde

kbw bibelwerk

Inhalt

*Die mit * gekennzeichneten Themen sind dem Plan für den Kindergottesdienst 2007-2009 entnommen, der vom Gesamtverband für Kindergottesdienst in der EKD herausgegeben wird.*

Verzeichnis der Lieder

Abkürzungen

- DS Dir sing ich mein Lied, Das Kinder- und Familiengesangbuch, Schwabenverlag, Ostfildern
- EG Evangelisches Gesangbuch
- EH Erdentöne – Himmelsklänge, Schwabenverlag, Ostfildern
- GL Gotteslob, Katholisches Gesangbuch
- KG Das Kindergesangbuch, Claudius Verlag, München
- LJ Liederbuch für die Jugend, Gütersloher Verlagshaus, Gütersloh
- MKL 1+2 Menschenskinderlieder Band 1 und 2, Zentrum für Verkündigung der Ev. Kirche in Hessen und Nassau, Markgrafenstraße 12, 60487 Frankfurt/Main
- SL Schwerter Liederbuch »Singt dem Herrn«, Verlag BDKJ, Paderborn

Vorwort

Anschaulich zu erzählen und eine mit allen Sinnen erfahrbare Liturgie mit Kindern zu gestalten, hat in unseren Kirchengemeinden zunehmend an Bedeutung gewonnen. Die Gestaltung einer ansprechenden Mitte und Bodenbilder, die sich während des Gottesdienstes und der Erzählung einer biblischen Geschichte entwickeln, sind im Trend.

Das Thema des Gottesdienstes wird in der Mitte der Kindergruppe gemeinsam entdeckt und erfahren. Es wird mit Zeichen, Symbolen, Einfühlungsübungen und meditativen Elementen erschlossen. Sie sollen die Gruppe zu einem »tieferen« Sehen führen und eine innere Beziehung zwischen den Gottesdienstteilnehmern und der Geschichte / dem Thema herstellen. Es ist mehr als eine Methode der Gottesdienstgestaltung und der religionspädagogischen Arbeit. Es geht um eine Haltung, die Kinder in ihren geistigen und religiösen Ausdrucksmöglichkeiten als Partner ernst nimmt und einbezieht. Dahinter steht ein Vertrauen in die Wirkkraft von Ursymbolen wie Licht, Wasser, Erde oder Wind, aber auch von Farben oder Materialien aus der Natur.

Ein blaues oder schwarzes Tuch z. B. ist offen für Vieles und ermöglicht Assoziationen zu unterschiedlichen Erfahrungen und Gefühlen der Teilnehmenden. Jede Äußerung dazu hat ihr »Gültigkeit« und muss nicht bewertet werden. Deshalb fühlt sich jede und jeder ernst genommen.
Ein leeres Schneckenhaus kann zum Symbol für Vergänglichkeit werden, aber auch zum Staunen führen, wie kunstvoll Gott auch in kleinen Dingen diese Welt geschaffen hat.

Die innere Dynamik einer biblischen Geschichte wird im Legebild oft ohne viele Erklärungen deutlich und kann von den Kindern unmittelbar nachvollzogen werden. Mit einfachen Gestaltungselementen, z. B. einem Seil, Wollfaden oder einem als Weg gelegten Tuch können Beziehungen und innere Entwicklungen der handelnden Personen verdeutlicht werden.

Diese Gestaltungsformen haben eine geistliche Dimension. Die entstehenden Bilder helfen, Grundhaltungen des Staunens, der Dankbarkeit und Wertschätzung einzuüben. Sie wollen in ihrer ästhetisch ansprechenden Gestaltung das Vertrauen stärken, von Gott geliebt zu sein und beschenkt zu werden.

Viele Impulse hat für diese Art der Erschließung eines Themas / einer Geschichte die Religionspädagogische Praxis (RPP) geben, die von Franz Kett und Sr. Esther Kaufmann im katholischen Raum entwickelt wurde. Elemente davon sind inzwischen aber in vielen religionspädagogischen Arbeitsformen zu finden. Diese Bandbreite zeigt sich auch in den Beiträgen der Autorinnen und Autoren dieses Buches. Neben den konkreten Modellen soll diese Vielfalt helfen, dass jede Mitarbeiterin und jeder Mitarbeiter auch einen eigenen Weg findet, mit solchen Gestaltungselementen in der Feier mit Kindern zu arbeiten.

Peter Hitzelberger

Zacharias im Tempel – Advent

Lukas 1,5–25

Zum Text

Der Priester Zacharias steht in dieser Geschichte stellvertretend für das Volk Israel, das schon lange auf den Messias wartet. Zacharias rechnet mit Gott in seinem Leben, in Treue verrichtet er seinen Dienst im Tempel. Elisabet und er leben rechtschaffend vor Gott.
Dennoch trifft ihn der Ruf Gottes überraschend und zu einem Zeitpunkt, als er selbst und seine Frau Elisabet nicht mehr mit der Erfüllung ihres Wunsches gerechnet haben. Nach menschlichem Ermessen waren sie zu alt, um ein Kind zu bekommen. Doch das Unglaubliche macht Gott bei denen möglich, die in Treue auf ihn hoffen – allerdings nicht immer so, wie wir das erwarten.
Das muss auch Zacharias erfahren.
Die Ankündigung des Engels, dass gerade sie im Heilsplan Gottes eine wichtige Aufgabe übetragen bekommen, findet Zacharias buchstäblich »unglaublich«. Er will ein Zeichen haben, die Autorität des Engels allein genügt ihm nicht. Und er bekommt ein Zeichen, allerdings ein Zeichen, das seinen mangelnden Glauben offenbart. Er »verstummt«.
Es hat Zacharias die Sprache verschlagen und er kann nachher das Volk nicht mehr segnen, wie es die Tempelliturgie vorgesehen hätte. Er ist als Vermittler des göttlichen Heils zunächst bloßgestellt.
Nach der ihm auferlegten Zeit des Schweigens und der Geburt seines Sohnes wird er das Heilshandeln Gottes vom Geist erfüllt lobpreisen (Lukas 1,67–79).

Kinderlosigkeit war damals ein großer gesellschaftlicher Makel. Wer kinderlos blieb, der war von Gott nicht gesegnet, war vielleicht schuldig geworden, hatte die Zuwendung Gottes verloren.
Obwohl Kinderreichtum in unserer Gesellschaft nicht hoch im Kurs steht, ist ungewollte Kinderlosigkeit doch auch bei uns noch ein Thema, das mit einer Mauer des Schweigens umgeben ist. Betroffene Frauen und Paare fühlen sich isoliert und minderwertig. Sie nehmen viele Unannehmlichkeiten und Aufwändungen in Kauf, um ihren Kinderwunsch mit den Möglichkeiten moderner Medizin vielleicht doch noch erfüllen zu können.
Wer dennoch zur Unerfüllbarkeit des eigenen Kinderwunsches Ja sagen lernen muss,der durchlebt einen oft sehr schmerzlichen Trauerprozess. Dies greift auch die Erzählung auf.

Materialien

- sieben DIN-A-4-große Zachariasumrisse aus schwarzem Tonpapier oder entsprechenden Tangramteilen
- einen weißen Engelumriss DIN A 3
- farbige Tücher oder farbiges Tonpapier in folgenden Farben: braun, blau, rot, dunkelgrün, hellgrün, gelb und zweimal weiß.
- ein schwarzes Tuch zum Abdecken des Engels zu Beginn der Geschichte
- für jedes Kind einen Satz Tangramteile zum Nachlegen einzelner Figuren nach der Geschichte
- Kopiervorlagen der einzelnen Bildelemente für die Figuren (s. Seite 13)

Zur Erzählung

Die Geschichte von Zacharias im Tempel wird mit Figuren aus Tangramteilen erzählt (s. Seite 7ff.). Die Anregungen zu den Figuren wurden teilweise aus dem Tangramspiel von Ravensburger entnommen.
Mit den schwarzen Figuren sollen die verschiedenen Haltungen und Gefühle des Zacharias verdeutlicht werden. Diese werden mit entsprechenden farbigen Tüchern unterlegt:

1. Bild: Zacharias ist traurig, weil er keine Kinder hat (braunes Tuch).
2. Bild: Zacharias macht sich auf den Weg nach Jerusalem (blaues Tuch).
3. Bild: Zacharias opfert im Tempel (rotes Tuch).
4. Bild: Der Engel erscheint (schwarzes Tuch wegnehmen).
5. Bild: Zacharias fällt auf die Knie (dunkelgrünes Tuch).
6. Bild: Zacharias will segnen (weißes Tuch).
7. Bild: Zacharias bleibt stumm (weißes Tuch).
8. Bild: Zacharias läuft schnell heim (hellgrünes Tuch).

Der Engel bildet den Mittelpunkt, um den die einzelnen Figuren im Uhrzeigersinn gelegt werden. So soll für die Kinder anschaulich werden: Für Gott ist nichts unmöglich. Gottes Engel ist bei jedem von uns.
Zur Vertiefung können die Kinder im Anschluss an die Geschichte einzelne Figuren nachlegen und sich so noch einmal in die Lage des Zacharias begeben.
Gut wäre es, wenn die Geschichte von zwei Mitarbeiter/innen vorbereitet wird.
Eine/r erzählt die Geschichte und die/der zweite legt mit den Tangramteilen die entsprechenden Figuren. Ist man alleine, dann würde ich die Figuren am Stück lassen und auf die entsprechenden Tücher legen.
Der weiße Engelumriss liegt zu Beginn der Erzählung auf einem gelben Tuch und ist mit einem schwarzen Tuch verdeckt.

Erzählung und gestaltete Mitte

Zacharias und Elisabet

»Du bist dran, du musst mich jetzt fangen!«, lachend rennt ein Junge um den Olivenbaum. Ein anderer will ihn fangen. Zacharias lächelt. Er sitzt vor seinem Haus. Die Sonne geht gerade unter. »So alt wäre jetzt auch mein Sohn. Ob er auch so gerne Fangen gespielt hätte?«
Da reißt ihn eine Stimme aus seinen Gedanken: »Zacharias, komm, das Essen ist fertig!«
»Ja, ja, Elisabet. Ich komme ja schon, ein alter Mann ist doch kein D-Zug!«
Zacharias steht langsam auf. Er fasst sich an den Rücken, drückt sein Kreuz durch und streckt sich.
Als er endlich das Haus betritt, muss er sich erst langsam an die Dunkelheit gewöhnen. Gut, dass er den Weg ins Esszimmer auch ohne etwas zu sehen findet. Im Haus ist es wenigstens angenehm kühl. Auf dem Tisch steht ein Krug mit kühlem Wasser. Das frisch gebackene Fladenbrot duftet. Ebenso

Schlussbild der Erzählung. Die einzelnen Bilder werden im Verlaufe der Ezählung um den Engel in der Mitte gelegt. Die Figuren mit den verschiedenen Haltungen des Zacharias sind aus Tangramteilen zusammengesetzt. Welche Bildelemente dazu jeweils benötigt und wie sie zur Einzelfigur zusammengelegt werden, zeigen die folgenden Skizzen, die die Erzählung begleiten. Es kann aber auch die Einzelfigur zunächst mit Tangramteilen gelegt und die Außenkontur abgepaust werden. Diese Zeichnung wird dann auf schwarzen Karton übertragen und die Figur an ***einem*** *Stück ausgeschnitten (bzw. zwei: + Kopf). Sie kann dann einfacher auf das farbige Tuch bzw. den Karton gelegt werden.*

durchzieht ein würziger Geruch nach Lammfleisch das Haus. Zacharias spürt erst jetzt seinen Hunger.
Elisabet kommt und stellt noch eine Schale mit frischen Oliven auf den Tisch. Zärtlich streicht sie ihrem Mann über die Wange. Mit einem Augenzwinkern sagt sie: »Iss dich satt. Du weißt, morgen Früh musst du nach Jerusalem in den Tempel.«
»Ich werde es fast nicht aushalten – eine Woche ohne dein leckeres Essen!«, lacht Zacharias.
Nach dem Essen trinken Zacharias und Elisabet noch einen Becher Wein. Das tun sie immer, bevor Zacharias zu seinem Dienst in den Tempel nach Jerusalem muss. »Wie viele Jahre gehe ich jetzt schon in den Tempel?« Nachdenklich blickt Zacharias vor sich hin. »Ich kann es schon gar nicht mehr zählen, aber das Räucheropfer durfte ich noch nie darbringen.«
»Ach, Zacharias, man kann nicht alles haben«, tröstet ihn Elisabet. »Uns geht es doch gut, wir sind gesund und ...« – »... und haben immer genug zu essen und mein Beruf macht mir viel Freude, aber ...« – »Red nicht wieder davon, Zacharias, wir haben nun mal keine Kinder und das wird sich in unserem Alter auch nicht mehr ändern. Wir könnten ja schon Großeltern sein!«

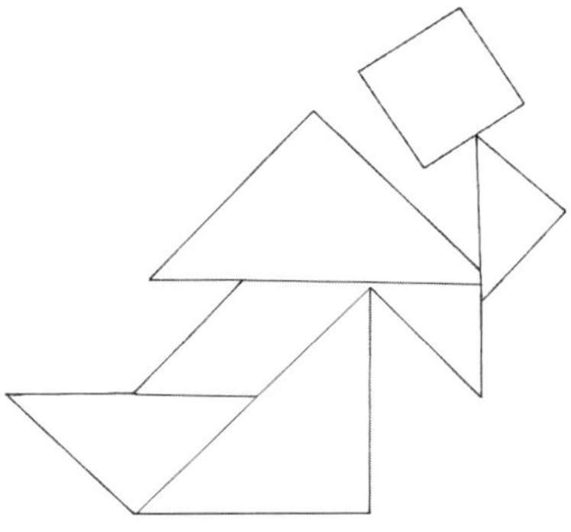

Figur 1: *Zacharias ist traurig, weil er keine Kinder hat.*

(Figur 1 legen)

Zacharias ist trotzdem traurig: »Immer wenn ich Kinder sehe, Elisabet, dann kommt eine so große Sehnsucht über mich. – Ich stell mir vor, wie es gewesen wäre: der erste Schrei, die ersten Schritte, die ersten Worte. – Hätten die Kinder mir oder dir gleichgesehen? Hätten wir einen Jungen oder ein Mädchen bekommen? Bestimmt hätten sie deine fröhlichen Augen geerbt ...«
»Ja, und deine Verträumtheit!«, fällt ihm Elisabet ins Wort. Sie gibt es nicht gerne zu, wie lange sie gebraucht hat, um darüber hinwegzukommen, dass sie keine Kinder hat. Sie, die einzige kinderlose Frau im Dorf. Wenn sie sich an die Blicke der anderen Mütter erinnert: Manchmal Mitleid, oft aber auch Schadenfreude drückte sich darin aus. »Schau die an, hat einen Priester als Mann und keine Kinder ...« Nachts kamen ihr oft Tränen, aber eine Antwort auf ihre »Warum-ich-Fragen« bekam sie nicht. Trost brachten ihr allein die Psalmen, die sie zusammen mit Zacharias immer wieder betete. Darin fand sie ihre Klage, ihre Ohnmacht, ihre Leere, aber auch ihren Halt in Gott.

Zacharias macht sich auf den Weg

Als die ersten Sonnenstrahlen am nächsten Morgen zum Fenster hereinstrahlen, stehen Zacharias und Elisabet auf. Zacharias packt sein Priestergewand ein, einen Schlauch mit frischem Wasser und ein Fladenbrot. Er zieht seine Sandalen an. Elisabet reicht ihm seinen Mantel. An der Türe nimmt Zacharias Elisabet in den Arm. »Pass gut auf dich auf, Zacharias, und komm gesund wieder!«
»Pass du auf dich auf und lass dir die Decke nicht auf den Kopf fallen. In einer Woche bin ich zurück!« Zacharias drückt seine Frau noch einmal fest an sich, dann läuft er los. Nach ein paar Metern dreht er sich um und winkt Elisabet noch einmal zu.

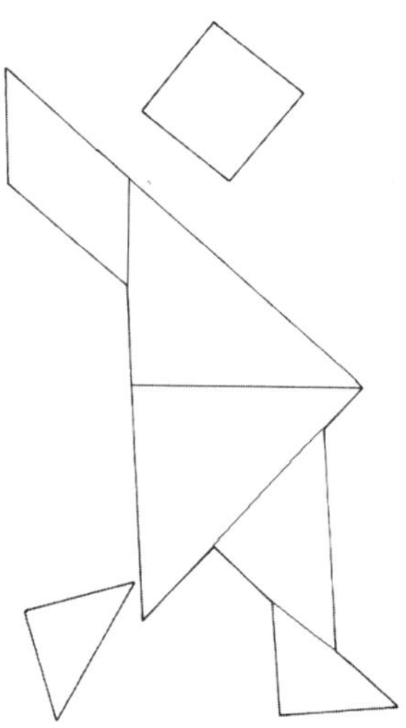

Figur 2: *Zacharias macht sich auf den Weg nach Jerusalem.*

(Figur 2 legen)

Elisabet denkt: »Komisch, jedes Mal, wenn er weg muss, bin ich ein wenig traurig. Dabei ist es nur eine Woche, aber er fehlt mir jetzt schon.« Dann macht sie eine wegwerfende Handbewegung und sagt laut zu sich selbst:

»Du wirst wunderlich im Alter, meine liebe Elisabet. Komm, geh ins Haus, es wartet genügend Arbeit auf dich!«
Zacharias fällt der Abschied von seiner Frau nicht leicht, auch wenn er sich auf den Dienst im Tempel freut. Lange kann er aber seinen trüben Gedanken nicht nachhängen. Schon erreicht er das nächste Dorf. Dort trifft er seinen Freund. Mit ihm geht er weiter nach Jerusalem. Schnell sind sie in ein fröhliches Gespräch vertieft. Um die Mittagszeit machen sie eine kurze Pause und gegen Abend erreichen sie Jerusalem. Die letzten Meter auf den Tempelberg legen die beiden schweigend zurück. Zacharias ist jedesmal von Ehrfurcht ergriffen, wenn er den Tempel betritt. Er spürt die Heiligkeit des Ortes und preist in Gedanken Gott. »Gott, du Schöpfer, der du uns das Leben gibst, hab Dank, für alles, was ich in meinem Leben Schönes erlebt habe.«
Am nächsten Morgen treffen sich alle Priester, die für die folgende Woche Dienst im Vorhof der Priester haben. Wie immer entscheidet das Los, wer in das Heilige darf, um das Räucheropfer darzubringen. »Zacharias!«, ruft der Hohepriester. Zacharias ist erstaunt. Ungläubig schaut er auf. »Ja, du hast richtig gehört! Du bist an der Reihe!« Große Dankbarkeit erfüllt Zacharias. Es ist das erste Mal in seinem Leben, dass er diese Aufgabe übernehmen darf.

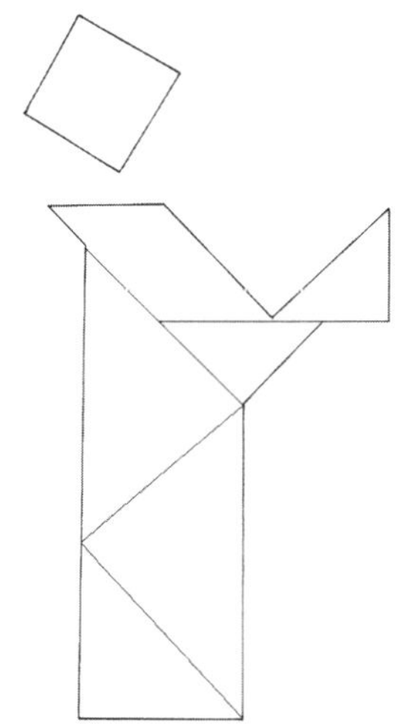

Figur 3: *Zacharias opfert im Tempel.*

Der Engel Gabriel erscheint Zacharias

Der Hohepriester gibt Zacharias verschiedenen Weihrauch in die Hand. In der anderen Hand hält er eine kleine Öllampe. Mit ihr wird er den Weihrauch auf dem Altar entzünden. Bedächtig steigt Zacharias die Stufen zum heiligen Raum hinauf. Bevor er den Raum betritt, atmet er noch einmal tief durch. Nur wenige Kerzen an den Wänden erhellen das Allerheiligste. Zacharias geht zum Altar, der in der Mitte des Raumes steht.
Zacharias legt den Weihrauch in die Mitte der Steinplatte und hält die Flamme seiner Öllampe daran.

(Figur 3 legen)

Nach einem kurzen Moment steigt ein wenig Rauch auf. Dann fängt der Weihrauch an zu glühen. Zacharias atmet tief ein. Er hebt seine Hände nach oben. Sein Blick folgt den Händen. Er beginnt zu beten: »Gepriesen sei der Herr, der Himmel und Erde erschaffen hat. Der unser Volk aus Ägypten befreit hat und ...«

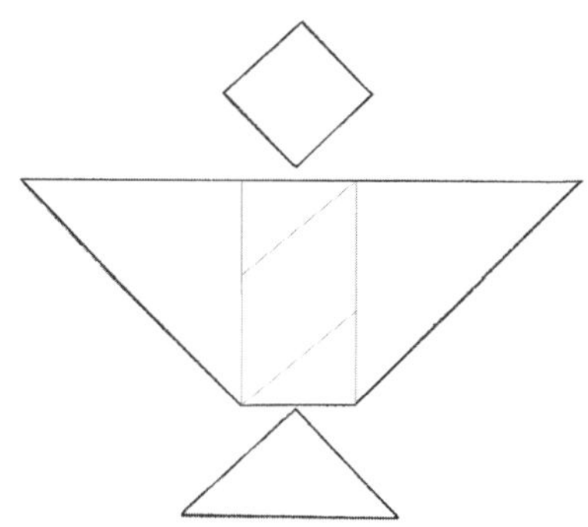

Figur 4: *Der Engel erscheint.*

Da stutzt Zacharias. Ihm stockt der Atem. Er hat das Gefühl, als würde plötzlich jemand neben ihm stehen. Aber das kann doch gar nicht sein, denn es darf ja immer nur ein Priester in das Heilige gehen. Da wird es auf einmal blendend hell.

(Figur Engel aufdecken)

Zacharias erschrickt. Seine Augen weiten sich. Er schlägt die Hände vor seine Augen und fällt auf die Knie.

(Figur 5 legen)

Da hört er – wie von ganz weit her – eine freundliche Stimme: »Fürchte dich nicht, Zacharias! Gott weiß schon lange, dass ihr euch ein Kind wünscht. Er hat eure Gebete erhört. Elisabet wird einen Sohn auf die Welt bringen. Du sollst ihm den Namen Johannes geben. Es wird ein ganz besonderes Kind sein. Mit ihm beginnt eine neue Zeit. Er wird vom Heiligen Geist erfüllt sein. Durch ihn wird der Wille Gottes sichtbar werden.«
Zacharias hört die Worte und kann sie noch nicht begreifen. Er schaut den Engel an. Dann bricht es aus ihm heraus: »Elisabet und ich sollen noch ein

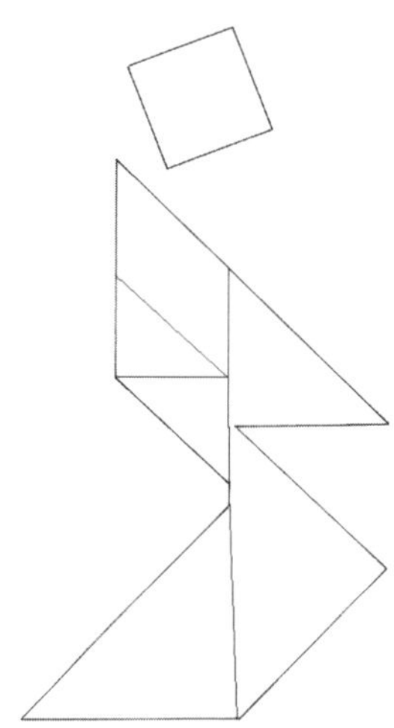

Figur 5: *Zacharias fällt auf die Knie.*

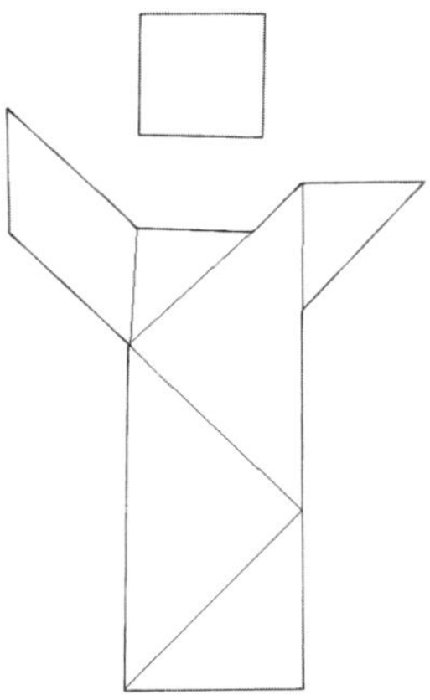

Figur 6: *Zacharias will segnen.*

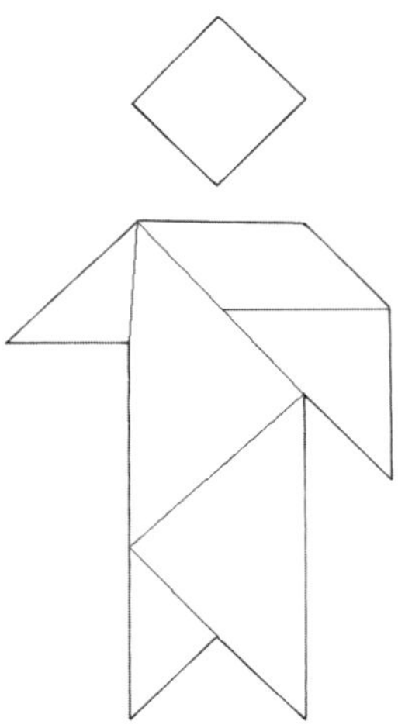

Figur 7: *Zacharias bleibt stumm.*

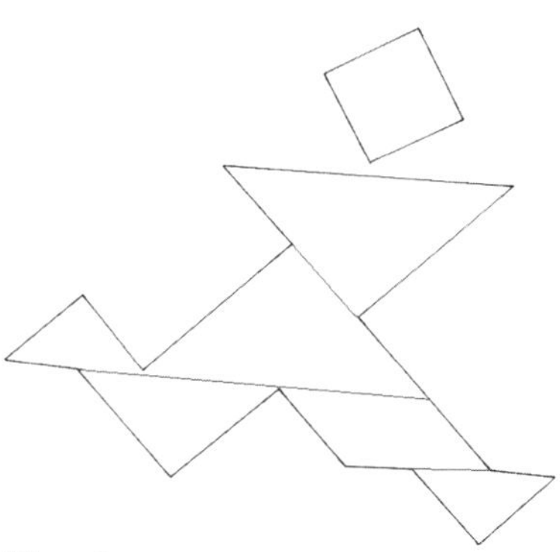

Figur 8:
Zacharias läuft schnell heim.

Kind bekommen? Wir sind doch schon so alte Leute, das kann doch gar nicht sein! Gib mir bitte ein Zeichen, dass es wahr ist!«
»Du glaubst mir nicht? Ich sage dir, ich bin der Engel Gabriel. Gott hat mich zu dir geschickt, damit ich dir die frohe Botschaft bringen kann. Weil du aber zweifelst, wirst du verstummen, solange bis dein Sohn auf der Welt ist.«

Zacharias möchte das Volk segnen

Betreten lässt Zacharias den Kopf sinken. Als er wieder aufblickt, ist nichts mehr von der Anwesenheit des Engels zu sehen und zu spüren. Zacharias reibt sich die Augen. Er schüttelt den Kopf. Hatte er das alles nur geträumt? Hat ihm der Weihrauch einen Streich gespielt? Ganz verwirrt steht Zacharias auf. In seinem Kopf hat er nur noch einen Gedanken: Wir bekommen einen Sohn!
Er spricht still noch ein kurzes Dankgebet, dreht sich dann um und geht zur Tür.
Dort bleibt er einen Moment stehen. Er blinzelt in die Sonne und sieht dann wie ihn viele Augen anstarren. Er hört, wie ein Murmeln durch die Reihen geht. Zacharias besinnt sich. Er weiß, dass er jetzt das Volk segnen soll. Darum hebt er seine Hände in die Höhe.

(Figur 6 legen)

Die Menschen werden still. Zacharias öffnet den Mund. »Der Herr segne euch ...!«, möchte er sagen, aber kein Wort kommt aus seinem Mund. Erstaunt lässt er seine Hände wieder sinken.

(Figur 7 legen)

»Der Engel hat Recht! Wenn ich jetzt nicht mehr sprechen kann, dann stimmt es auch, dass wir noch einen Sohn bekommen!«, denkt Zacharias. Seine Augen beginnen zu strahlen. Ihm ist es plötzlich ganz leicht um sein Herz. Die Menschen, die auf den Segen gewartet haben, sind sprachlos. Sie spüren, dass etwas Besonderes passiert sein muss. Sie treten zur Seite als Zacharias die Stufen hinunter geht.

Zacharias geht nach Hause

Die nächsten Tage wollen nicht vergehen. Zacharias verrichtet seine Arbeit wie gewöhnlich. Vielleicht scheint er manchmal ein wenig unkonzentriert. Aber alle bemerken auch das zufriedene Lächeln auf seinem Gesicht.
Zacharias kann es kaum erwarten, alles Elisabet zu erzählen. Endlich ist es soweit. Er packt seine Sachen wieder zusammen. Er läuft den Tempelberg hinunter, durch die engen Gassen. Bevor er Jerusalem verlässt, kauft er noch eine kleine Wachstafel. So kann Zacharias alles aufschreiben, was ihn bewegt.

(Figur 8 legen)

Der Heimweg ist eigentlich anstrengend, weil es oft bergauf geht. Aber sein Herz ist so leicht und voller Freude, dass er die Anstrengung gar nicht bemerkt. Schon kommt er seiner vertrauten Heimat näher. Er kommt durch viele ihm bekannte Dörfer. Wenn er Freunde oder Verwandte trifft, dann winkt er ihnen fröhlich zu. Eine Frau denkt: »So habe ich Zacharias aber schon lange nicht mehr gesehen, er scheint sehr glücklich zu sein!«
Da sieht Zacharias sein Haus. Die letzten Meter rennt er. Er stürmt ins Haus, ohne seine Sandalen auszuziehen. Er findet Elisabet in der Küche. Sie schaut ihn mit großen Augen an. Er nimmt sie ganz feierlich in den

Arm. »Nun mal langsam, Zacharias!«, sagt sie lachend. »Was ist denn mit dir passiert?« Fragend schiebt sie ihn ein wenig von sich weg. Schnell holt Zacharias die Wachstafel hervor und schreibt auf: »Wir werden einen Sohn bekommen!«
Elisabet schüttelt den Kopf, doch Zacharias nickt bestimmt. Sie versteht, als sie tief in seine glücklichen Augen blickt. Tränen der Freude schießen ihr in die Augen.

Liturgische Elemente

Die Liturgie, in der die Geschichte eingebettet ist, ist bewusst adventlich gehalten, da diese Geschichte in der Regel in der Adventszeit erzählt wird.

Votum
Wir feiern unseren Kindergottesdienst im Namen des Vaters,
von dem gesagt wird: Denn er hat seinen Engeln befohlen,
dass sie dich behüten auf allen deinen Wegen.
Und wir feiern im Namen des Sohnes,
dessen Geburt durch einen Engel angekündigt wurde
und im Namen des Heiligen Geistes,
der bei uns und um uns ist, wie ein Engel. Amen.

Einführung ins Thema »Engel«
In der Mitte liegt auf dem Boden der Umriss eines großen Engels, über den bis jetzt ein Tuch gebreitet war. Daneben steht eine Glasschale in der sich Glasnuggets befinden.
Als stiller Impuls wird das Tuch weggenommen. Mögliche Reaktionen der Kinder werden abgewartet. Falls kein Kind auf die Idee des Engels kommt, kann Folgendes gesagt werden:

In der Mitte liegt eine ganz besondere Figur, die im heutigen Gottesdienst eine wichtige Rolle spielt.
Wenn der Begriff »Engel« fällt, geht es im nächsten Schritt darum, das Vorwissen der Kinder zu sammeln.
Genau, die Figur soll ein Engel darstellen. Wir wollen sammeln, was ihr alles über Engel wisst. Jedem dem etwas einfällt, darf es uns erzählen und dabei ein Glasnugget aus der Schale nehmen und auf den Engel legen. So entsteht ein buntes Bild.
Wenn sich die Kinder zuerst nicht trauen, dann fangen die Mitarbeiter/innen an. Dabei dürfen auch »kritische« Worte gesagt werden.

Nach Psalm 91

Es gibt immer wieder Situationen in unserem Leben,
in denen wir im letzten Moment vor Gefahren bewahrt werden.
Daran wollen wir uns erinnern und wir sprechen:

Ich darf sicher sein:
Gottes Engel behüten mich auf meinen Wegen.

Ein Kind rennt einem Ball nach auf die Straße.
Ein Auto kann gerade noch bremsen.
Der Schreck ist groß, und doch:

Ich darf sicher sein:
Gottes Engel behüten mich auf meinen Wegen.

Wenn ein Kind schwer krank ist
und keiner weiß, was ihm fehlt.
Das Fieber geht nicht runter.
Aber dann fällt es in einen tiefen Schlaf.
Am nächsten Morgen geht es ihm viel besser.
Dann freuen wir uns und sagen:

Ich darf sicher sein:
Gottes Engel behüten mich auf meinen Wegen.

Eigentlich war es nur ein Spaß.
Zwei Kinder machen ein Wettrennen mit dem Fahrrad.
Der eine sieht den Stein nicht, der auf dem Weg liegt.
Er stürzt. Doch er fällt, Gott sei Dank, auf seinen Helm. Er sagt:

Ich darf sicher sein:
Gottes Engel behüten mich auf meinen Wegen.

Es ist Winter. Plötzliches Tauwetter setzt ein.
Eine Dachlawine löst sich.
Sie fällt auf die Motorhaube eines Autos.
Die Frau, die neben ihrem Auto steht,
kommt mit dem Schrecken davon.
Nur die Motorhaube ist kaputt. Sie denkt:

Ich darf sicher sein:
Gottes Engel behüten mich auf meinen Wegen.

Gott, du schenkst uns durch deine Engel immer wieder Bewahrung und Hilfe.
Wir danken dir und sprechen:

Ich darf sicher sein:
Gottes Engel behüten mich auf meinen Wegen.

(Claudia Rembold-Gruss, aus: Du bist da. Gebete zum Plan für den Kindergottesdienst 2006, Verlag Junge Gemeinde, Leinfelden-Echterdingen, S. 14 f.)

Lieder

Macht hoch die Tür (EG 1, GL 107, LJ 12)
Seht die gute Zeit ist nah (EG 18, LJ 28)
Gott hält seine Hand über mir (LJ 540)
Gott hat mir längst seinen Engel gesandt (EH 282)

Fürbitten

Guter Gott,
für dich ist nichts unmöglich.
Das hat Zacharias erfahren.
Lass auch uns ein klein wenig davon spüren.
Wenn wir vor lauter Arbeiten in der Schule keine Ruhe mehr finden,
gib uns Zeit tief durchzuatmen.
Und wenn in der Adventszeit ein Termin den nächsten jagt,
lass uns Innehalten.
Schenke uns ruhige, gemütliche Stunden in unseren Familien.
Lass uns spüren,
wie dein Licht von Woche zu Woche heller scheint.

Segen

Der Engel Gottes gehe vor dir her, um dir deinen Weg zu zeigen.
Der Engel Gottes gehe neben dir, um dir Halt zu geben.
Der Engel Gottes halte seine Hand über dich und sege dich.

(Claudia Rembold-Gruss, aus: Du bist da. Gebete zum Plan für den Kindergottesdienst 2006, Verlag Junge Gemeinde, Leinfelden-Echterdingen, S. 15)

Claudia Rembold-Gruss

Kopiervorlagen Tangramteile

Aus diesen 5 Grundelementen lassen sich sämtliche Figuren zusammensetzen.
Die Vorlage entspricht einer Figurengröße für ein DIN A 4-Blatt.
Für größere Figuren die Teile beim Kopieren entsprechend vergrößern.

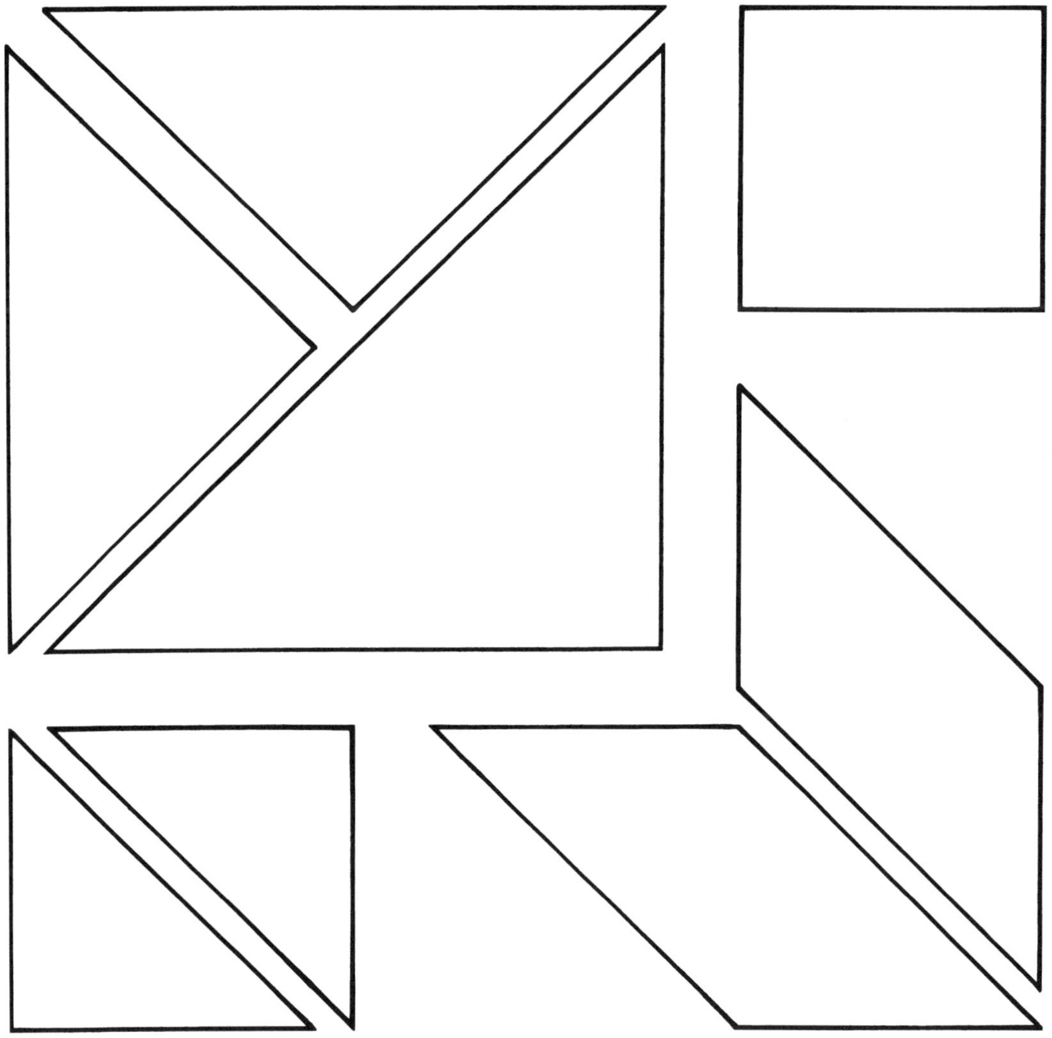

Zeichen am Kreuzweg Jesu – Passion

Matthäus 26,6–27,61

Zum Text

Die Passionsgeschichte ist gemeinsam mit der Auferstehungsbotschaft zentraler Inhalt unseres Glaubens.
Matthäus stellt in seinem Evangelium vor allem die Souveränität Jesu auch in seinem Leiden heraus. Es ist die »Stunde«, auf die das gesamte Leben Jesu hinläuft. Er ist von seiner Verhaftung und Kreuzigung nicht überrascht, sondern geht bewusst darauf zu. Jesus wird zwar seinen Gegnern ausgeliefert, aber sie haben keine Macht über ihn. Er schweigt vor dem Hohen Rat und vor Pilatus.
Trotz der entwürdigenden Behandlung, die er bei den Verhören und bei seiner Hinrichtung erfährt, bewahrt er seine messianische Würde.

Die Passionsgeschichte darf auch Kindern nicht verschwiegen werden. Nicht nur weil sie für die christliche Botschaft zentral ist, sondern auch deshalb, weil sich in dieser Geschichte menschliches Leid, Erfahrungen von Gewalt, von Ausgrenzung, Verrat und Angst wiederfinden, die Kinder aus ihrem Leben, ihrer Umgebung oder den täglichen Nachrichten kennen.
Dabei muss natürlich für die Erzählungen ausgewählt werden. Dies kann z.B. durch einen Stationengang geschehen, der sich an die katholische Tradition des Kreuzwegs anschließt.
In unserer Gemeinde wurde der folgende Vorschlag am Karfreitag als Kinderkreuzweg vor allem für die Erstkommunionkinder gestaltet.
Im Blick auf diese Buchveröffentlichung war Grundlage für die Textauswahl die Reihe »Zeichen am Kreuzweg Jesu«, die der Plan für den Kindergottesdienst der EKD im Jahr 2009 vorsieht. Man kann die einzelnen Stationen deshalb im Kindergottesdienst auch auf vier Sonntage verteilen. Die liturgischen Vorschläge müssen dann allerdings angepasst werden.

Materialien

1. Station: Die Salbung in Betanien
- braunes Tuch
- Teelicht im Glas (Jesus)
- grüne Palmzweige (z.B. vom Buchsbaum)
- frischer Zweig (während der Erzählung brechen, darf nur angebrochen sein)
- rotes Tuch (Haus)
- 12 kleine Holzscheiben (Jünger)
- weißes Tuch (Tisch)
- schwarzes Chiffontuch
- Biegepuppe »Frau«
- Salbölgefäß
- DIN-A-4-Blatt mit der Aufschrift: »Eine ehrliche Tat der Liebe vergeht nicht. Selbst der Tod kann sie nicht auslöschen.«

2. Station: Das Paschamahl
- rotes Tuch (Haus)
- weißes Tuch (Tisch)
- Brot und Kelch
- Teelicht im Glas (Jesus)
- 12 kleine Holzscheiben (Jünger)
- schwarzes Chiffontuch
- eine Porzelanschüssel
- frischer Zweig (während der Erzählung brechen, darf nur angebrochen sein)
- zwei schwarze Tücher

3. Station: Die Verhandlung vor Pilatus
- rotes Tuch (Haus)
- Holzkegelfigur für Pilatus
- Teelicht im Glas (Jesus)
- Schnüre als Fesseln
- Königskrone
- 10 kleine Holzscheiben (Volk)
- frischer Zweig (während der Erzählung brechen, darf nur angebrochen sein)
- Glasschüssel mit Wasser
- purpurrotes Stoffstück
- Dornenkrone (z.B. aus Berberizenzweigen gebunden)
- zwei schwarze Tücher

4. Station: Die Kreuzigung Jesu
- zwei braune Tücher
- Teelicht im Glas (Jesus)
- kleines Holzkreuz
- DIN-A-4-Blatt mit der Aufschrift: »INRI«
- Würfelbecher mit Würfeln
- schwarzes Tuch
- DIN-A-4-Blatt mit der Aufschrift: »Mein Gott, mein Gott, warum hast du mich verlassen.«

Erzählung: Die Salbung in Betanien

Jesus ist nach Jerusalem gekommen. Wie ein König wird er begrüßt.

Braunes Tuch als Weg legen. Brennendes Teelicht für Jesus stellen.

Die Leute breiten ihre Mäntel vor ihm aus und streuen grüne Zweige auf seinem Weg in die Stadt. Jerusalem scheint ihm zu Füßen zu liegen.

Grüne Palmzweige auf den Weg vor Jesus legen.

Doch nicht alle nehmen ihn auf. Er hat auch viele Gegner. Vor allem die Hohenpriester und Ältesten sind über die Worte und Taten Jesu aufgebracht. Die Liste ihrer Anklagen ist lang: Er heilt am Sabbat. Er isst mit öffentlichen Sündern und Betrügern. Er kritisiert die überlieferten Gesetze, die ihnen heilig sind. Er ist deshalb zu einer Gefahr für die öffentliche Ordnung geworden.

Da fassen sie den Beschluss ihn zu töten.

Frischen Zweig anbrechen und auf das Tuch legen.

Doch heute ist Jesus zu Gast bei einem Freund. Er heißt Simon. Jesus hatte ihn früher vom Aussatz geheilt. Simon wohnt in einem schönen Haus und freut sich riesig, dass Jesus und seine Jünger bei ihm wohnen.

Rotes Tuch (in Form eines Hauses) ans Ende des Weges legen. Teelicht und die Jünger (Holzscheiben) im Kreis auf das Tuch stellen.

Was Küche und Keller zu bieten haben tischt Simon seinen Gästen auf.

Weißes Tuch in den Kreis legen.

Er will ein guter Gastgeber sein. Seine Diener sind eifrig bemüht, den Gästen jeden Wunsch von den Augen abzulesen. Jesus tut die Gastfreundschaft Simons richtig gut, denn er kennt die Pläne seiner Gegner und weiß wie gefährlich sein Auftreten in Jerusalem für ihn werden kann. Er hat Angst vor den kommenden Tagen.

Schwarzes Chiffontuch gerafft um das Haus legen.

Als sie miteinander bei Tisch sitzen, kommt eine Frau herein, die unbedingt zu Jesus will. *(Biegepuppe »Frau« zu Jesus stellen.)*

Niemand weiß wie sie hereingekommen ist. Sie hat sich geschickt unter die Dienerinnen und Diener des Simon geschlichen. In ihren Armen trägt sie ein Alabastergefäß voll kostbarem, wohlriechendem Öl.

Salbölgefäß zur Frau stellen.

Ohne ein Wort zu sagen, tritt sie vor Jesus. Sie gießt ihm das Öl auf seine Haare und verteilt es mit großer Zärtlichkeit über seinem ganzen Kopf.

Die Jünger sind sprachlos. Platzt diese ihnen völlig unbekannte Frau einfach hier herein und belästigt Jesus. Was dieser Auftritt soll?

Einige finden dann doch ihre Sprache wieder und tuscheln miteinander: »Was für eine unnütze Verschwendung. Jesus wird sie sicher gleich zur Rede stellen.« – »So ein teures Öl. Die Frau hätte das Geld besser unter die Armen verteilen sollen.« – »Genau! Dieses Öl hat ein Vermögen gekostet. Ein Tagelöhner hätte davon sicher ein Jahr leben können.«

Auch Simon als Hausherr ist über das Auftreten und Verhalten der Frau empört. Er steht auf und will auf Jesus zugehen und sich entschuldigen, dass er diesen peinlichen Auftritt der Frau nicht verhindern konnte. Schon gibt er seinen Dienern einen Wink, die Frau hinauszuwerfen.

Doch da steht auch Jesus auf und stellt seine Jünger zur Rede: »Warum redet ihr so schlecht über diese Frau? Findet ihr diese Liebesgeste der Frau peinlich? Ihr kritisiert ihr Tun als nutzlose Verschwendung.«

Traurig fährt Jesus fort: »Ich sage euch, ihr habt den Ernst der Stunde nicht begriffen. – Während ihr hier fröhlich mit mir feiert, trachten mir meine Gegner nach dem Leben.«

Beschwichtigend entgegnet ihm Simon: »Aber, aber, Jesus, in meinem Haus bist du doch sicher.«
Jesus antwortet ihm: »Für deine Gastfreundschaft bin ich dir auch wirklich dankbar, Simon. Es tut mir gut zu spüren, dass ich nicht allein bin. – Genau das wollte mir aber auch diese Frau sagen. Darum: Entrüstet euch nicht über diese scheinbare Verschwendung, sondern seht es mal so: Wenn es wirklich zum Äußersten kommt, wenn ich verhaftet, verurteilt und möglicher Weise hingerichtet werde, dann ist diese Salbung der Frau schon für mein Begräbnis. – Eine so ehrliche Tat der Liebe vergeht nicht, auch wenn ich sterben muss.«

Ein DIN-A4-Blatt mit folgendem Text zur Szene legen:
»Eine ehrliche Tat der Liebe vergeht nicht. Selbst der Tod kann sie nicht auslöschen.«

Die Jünger sind über diese Worte Jesu tief betroffen. Sie wissen eigentlich nicht, was sie davon halten sollen. Rechnet Jesus wirklich mit seinem Tod? Und was soll dann aus ihnen werden?

Wir machen ein Kreuzzeichen und sprechen dazu: »Die Liebe Jesu zu mir hört niemals auf!«

Überleitung

Wir ziehen jetzt immer zu zweit hintereinander durch die Kirche zur zweiten Station. Wir nehmen das Jesuslicht mit und singen: »Geh, mit uns auf unserm Weg ...« (s. »Liturgische Elemente« S. 22)

Erzählung: Das Paschamahl

Ein Jünger Jesu erzählt:

Auch diese Geschichte, die ich euch erzählen möchte, ereignete sich vor Jesu Tod und spielt in einem Haus.

Rotes Tuch (in Form eines Hauses) legen.

Jesus hatte einige von uns Jüngern dorthin geschickt, um alles für das Paschafest vorzubereiten. Sie deckten den Tisch, bereiteten die Speisen zu und stellten das Brot und den Wein bereit.

Weißes Tuch in die Mitte des Hauses legen. Brot und Kelch auf das Tuch stellen.

Am Abend kam Jesus mit uns in diesem Haus zusammen, um das Paschafest zu feiern. Wir setzten uns alle um den Tisch herum.

Brennendes Teelicht für Jesus aufstellen und Holzscheiben für die Jünger im Kreis um das Tuch legen.

Als wir mit dem Essen begonnen hatten, wurde Jesus zunehmend trauriger.

Schwarzes Chiffontuch gerafft über das Haus legen.

Johannes, der neben ihm saß, fragte: »Jesus, was hast du? Freust du dich gar nicht über das schöne Fest? Es ist doch alles toll hergerichtet und es schmeckt doch auch gut.«
Jesus sagte zu ihm: »Ja, ja, das ist alles wunderbar, aber meine Stunde ist gekommen. Einer von euch wird mich verraten und an meine Gegner ausliefern.«
Da erschraken wir alle und einer nach dem anderen fragte Jesus betroffen: »Bin ich es etwa, Herr?«
Da antwortete Jesus: »Der, der mit mir gerade sein Brot in die Schüssel getaucht hat, wird mich verraten.«

Porzellansschüssel in das linke untere Eck des Hauses stellen.

In der Aufregung hatte allerdings keiner von uns drauf geachtet, ob er sein Brot gleichzeitig mit Jesus in die Schüssel getunkt hatte.
Da fragte Judas: »Bin ich es etwa, Rabbi?« Jesus antwortete ihm: »Jetzt hast du es selbst gesagt!«
Betroffen schwieg Judas und verdrückte sich in eine Ecke.

Frischen Zweig anbrechen und ins rechte untere Eck des Hauses legen als Zeichen für den Verrat.

Wir hatten aber nicht viel Zeit, um darüber nachzudenken, was mit Judas los war. Wir waren zu verwirrt über das, was Jesus nun tat und sagte. Er nahm ein Stück Brot und brach es. Er sprach ein Lobgebet und reichte es uns. Dabei sagte er: »Nehmt und esst, das ist mein Leib.«

Brot erheben und bei den Einsetzungsworten den Kindern mit einer Kreisbewegung zeigen. Im oberen linken Eck des Hauses ablegen.

Dann nahm er den Kelch, sprach ein Dankgebet und reichte ihn seinen Jüngern mit den Worten: »Trinkt nun alle daraus. Es ist mein Blut, das Blut des Bundes, das für viele vergossen wird zur Vergebung der Sünden.«

Kelch erheben und bei den Einsetzungsworten den Kindern mit einer Kreisbewegung zeigen. Im oberen rechten Eck des Hauses abstellen.

Es war eine eigenartige Stimmung, die Jesus verbreitete. Er wirkte entschlossen und gleichzeitig so ernst und traurig. Keiner von uns wusste, was er in dieser Situation sagen sollte.
Wir verstanden damals, ehrlich gesagt, auch nicht ganz, was er mit diesen Worten beim Verteilen von Brot und Wein sagen wollte. Wir merkten nur, dass Jesus das Teilen mit uns ganz wichtig war. So als wolle er damit eindringlich nochmals unsere Gemeinschaft mit ihm beschwören.
Erst später – nach seinem Tod und seiner Auferstehung – haben wir die Worte Jesu verstanden.
Jesus hatte gemerkt wie bedroht wir als seine Jünger waren. Jeder von uns war gefährdet, ihn im Stich zu lassen, während der Ereignisse, die mit seiner Kreuzigung bevorstanden. Nicht nur einer von uns war im Grunde ein Verräter.
Jesus hatte die Freundschaft mit uns erneuern wollen. Er war entschlossen sein Leben für uns und alle Menschen zu geben. Brot und Wein waren für ihn Zeichen seiner Hingabe, die er mit seinem Tod vollendete. Er selbst wollte uns Brot und Wein sein. In diesen Gaben wollte er unsere Gemeinschaft und unseren Zusammenhalt in diesen dunklen Tagen garantieren. Er wollte die Brücke sein, wenn wir schon zu schwach waren, um ihm treu zu sein.

Zwischen die Symbole, die in vier Ecken liegen, zwei als Bahnen zusammengelegte schwarze Tücher in Kreuzform legen. Die Figuren der Jünger und Jesu entsprechend umgruppieren.

Die Paschafeier endete damit anders als sonst. Heute würde ich sagen, sie war durchkreuzt. Jesus hat ihr mit seiner Liebe einen anderen Sinn gegeben und deshalb feiern wir das als Christen bis heute. Jesu Liebe hält uns zusammen wie die beiden Kreuzbalken untrennbar zusammengehalten werden.

Alle Kinder machen bewusst ein Kreuzzeichen und sprechen dazu: »Die Liebe Jesu verbindet uns!«

Überleitung

Wir ziehen jetzt immer zu zweit hintereinander durch die Kirche zur dritten Station. Wir nehmen das Jesuslicht mit und singen: »Seht das Zeichen, seht das Kreuz …« (s. »Litugische Elemente« S. 22)

Erzählung: Die Verhandlung vor Pilatus

Auch die dritte Geschichte, die ich erzählen möchte, spielte sich in einem Haus ab. Es war der Palast des römischen Stadthalters Pilatus in Jerusalem.

Rotes Tuch (in Form eines Hauses) legen. Holzkegelfigur für Pilatus in der Mitte des Tuches aufstellen.

Nachdem man Jesus durch den Verrat des Judas verhaftet hatte, verhörte man ihn zunächst vor dem Hohen Rat, den der Hohepriester Kaiaphas eilig zusammengerufen hatte. Das Gericht war jedoch eine Inszenierung. In Wirklichkeit war der Tod Jesu längst beschlossene Sache. Das haben wir ja in der ersten Geschichte schon gehört.
Der Vollstreckung des Urteils stand nur ein Umstand im Wege. Die Todesstrafe war den Römern als zuständige Besatzungsmacht vorbehalten.
So schickte man Jesus gefesselt zu Pilatus und klagte ihn dort wegen Hochverrats gegen den Kaiser und Rom an.

Teelicht für Jesus gegenüber von Pilatus aufstellen. Schnüre als »Fesseln« dazulegen.

Sie sagten: »Dieser Jesus hat das Volk aufgewiegelt und will sich zum König ausrufen lassen. Er ist eine Gefahr für Rom.«

Königskrone ins linke obere Eck des Tuches legen.

Pilatus misstraute der Abordnung des Hohen Rates, denn normaler Weise lieferten ihm die jüdischen Führer keinen Landsmann freiwillig aus. Irgendetwas war an der Sache faul.
Deshalb beschloss Pilatus, den Angeklagten genau zu verhören und der merkwürdigen Anklage auf den Grund zu gehen. – Doch Jesus gab ihm keine Antwort.
Pilatus wurde sehr ärgerlich und schrie Jesus an: »Hörst du nicht, was sie dir vorwerfen? Du solltest besser mit mir kooperieren, sonst kann ich dein Leben nicht retten. Es liegt in meiner Hand.« – Er bekam aber weiterhin keine Antwort von Jesus.
Da er den Führern des jüdischen Volkes, die zu ihm gekommen waren, keinen Gefallen tun wollte, kam er auf die Idee, das Volk selbst zu befragen, das vor dem Palast zusammengelaufen war.

Kleine Holzscheiben im Halbkreis unterhalb des roten Tuches legen.

Er wollte ein Spiel aus dem Fall des Jesus von Nazaret machen. – So ließ er also seinen Richterstuhl auf die Terrasse des Palastes hinaustragen. Dann trat er selbst hinaus.

Figur des Pilatus jetzt gegenüber den kleinen Holzscheiben aufstellen.

Er setzte sich auf den Richterstuhl und rief der Volksmenge zu: »Ich habe hier einen gewissen Jesus von Nazaret, den ich auf Wunsch eurer Führer hinrichten lassen soll. – Außerdem wartet schon längere Zeit ein Aufrührer namens Barabbas auf seine Hinrichtung. Ich könnte einen der beiden freilassen. Rom ist großmütig. – Wen schlagt ihr vor? Überlegt es euch gut. Ich kann euch nur einen von den beiden freigeben.
Während Pilatus so seinen Spaß trieb, trat ein Diener zu ihm und flüsterte ihm zu: »Mein Herr, ihre Frau schickt mich. Sie bittet euch, diesen Jesus nicht hinrichten zu lassen. Sie ist davon überzeugt, dass er unschuldig ist. Sie hatte heute Nacht seinetwegen einen schrecklichen, ahnungsvollen Traum.«
Inzwischen hatten die Hohenpriester und Ältesten ihre Leute unter der zusammengelaufenen Menschenmenge verteilt. Sie wiegelten alle auf, für Barabbas und gegen Jesus zu stimmen.

Als Pilatus nun fragte, wenn er freigeben sollte, riefen alle ganz laut: »Den Barabbas! Den Barabbas! Den Barabbas!«
Da fragte Pilatus weiter: »Was soll ich dann mit Jesus machen?« – Er hatte nicht erwartet, was dann kam. Wie aus einem Mund schrieen ihm alle entgegen: »Kreuzige ihn! – Kreuzige ihn!«

Frischen Zweig anbrechen und auf das rote Tuch ins rechte obere Eck legen.

Da sprang er von seinem Richterstuhl auf und gebot ihnen zu schweigen. Er fragte: »Was für ein Verbrechen soll er denn begangen haben?«
Doch noch viel lauter als vorher, hallten ihm nun die Worte entgegen: »Kreuzige ihn! – Kreuzige ihn!«
Pilatus merkte, dass seine Rechnung nicht aufging und das Ganze auf einen kaum noch zu kontrollierenden Tumult zusteuerte.
Da ließ er sich eine Schüssel mit Wasser bringen und tauchte seine Hände hinein. »Schaut«, rief er spöttisch, »**ich** wasche meine Hände in Unschuld.«

Schüssel ins linke untere Eck stellen.

Dann rief er den Chef seiner Palastwache her und befahl ihm: »Barabbas, der Aufrührer, ist unverzüglich freizulassen, wie es das Volk von Jerusalem will. Diesen Jesus von Nazaret lasse geißeln und dann hängt ihn auf Golgotha ans Kreuz.«

Figur des Pilatus wegnehmen. Teelicht, das für Jesus steht, ins rechte untere Eck stellen.

Die Soldaten packten Jesus und führten ihn in den Verhörraum im Keller des Palastgebäudes. Dort trieben sie ihren Spott mit Jesus. Einer rief: »Unserem neuen König fehlt noch die passende Kleidung. Bringt einen Königsmantel her!« Sie zogen ihn aus und legten ihm einen purpurroten Mantel um.

Purpuroten Stoff neben Jesus legen.

»Jetzt braucht er noch eine Königskrone!« Sie flochten ihm einen Kranz aus Dornen, den setzten sie ihm auf und gaben ihm einen Stock in die rechte Hand. Dann riefen sie: »Heil dir, König der Juden!«
Dornenkrone vorsichtig um das Teelicht legen.

Sie spuckten ihn an, schlugen ihn und verspotteten ihn auf allerlei Weise. Als sie ihres grausamen Spiels überdrüßig wurden, packten sie ihn, luden ihm den Kreuzesbalken auf und schleppten ihn aus dem Palastgebäude fort.

Zwischen die Symbole, die in vier Ecken liegen, zwei als Bahnen zusammengelegte schwarze Tücher in Kreuzform legen.

Alle sprechen gemeinsam folgende Verse nach Jesaja 53, die alle in die Hand bekommen:

»Er hatte keine schöne und edle Gestalt. Er wurde verachtet und von den Menschen gemieden. Er wurde misshandelt und niedergedrückt, aber er tat seinen Mund nicht auf. Wie ein Lamm, das man zum Schlachten führt, so tat auch er seinen Mund nicht auf.«

Überleitung

Wir ziehen jetzt immer zu zweit hintereinander durch die Kirche zur vierten Station. Wir nehmen das Jesuslicht mit und den gebrochenen Zweig. Wir singen: »Seht das Zeichen, seht das Kreuz …« (s. S. 22).

(weiter) ▷

Erzählung: Die Kreuzigung Jesu

Ich bin Simon, der Mann aus Zyrene. Das liegt in Nordafrika. Damals als sie Jesus mit dem Kreuzesbalken aus der Stadt trieben, hielt ich mich in Jerusalem auf.
Ich bin ihm zufällig über den Weg gelaufen.

Braunes Tuch als Weg legen. Teelicht als Zeichen für Jesus aufstellen.

Genau gesagt, unsere Wege haben sich gekreuzt. Mit seinem Balken war er unterwegs zusammengebrochen.

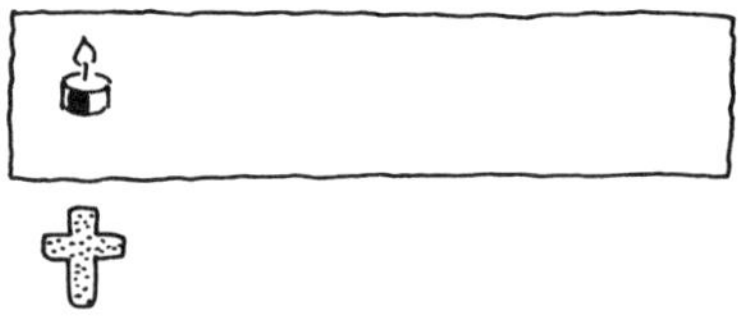

Kleines Holzkreuz unterhalb des braunen Tuchs legen (links unten beim nachher entstehenden Kreuz).

Die römischen Soldaten hatten ihn vorher offensichtlich schon ganz schön zugerichtet.
Warum die so brutal mit Menschen umgehen müssen, wenn sie sowieso hingerichtet werden? – »Diese Schweine!«, dachte ich nur und da packte mich schon einer von denen. »Hey!«, sagte ich. »Warum werde ich aufgegriffen? Ich will hier nur vorbei und nach Hause. Das könnt ihr mit mir nicht machen. Ich habe doch gar nichts getan!«
Da sagte der Römer: »Du darfst ja wieder gehen, aber jetzt brauchen wir dich. Du bist kräftig und wir brauchen deine Hilfe. Wenn du mitmachst, soll es dein Schaden nicht sein.« Und dabei rieb er bedeutungsvoll mit den Fingern vor meiner Nase herum. – »Wenn du dich aber weigerst, ist das Behinderung der Staatsgewalt. Also komm.«
So zerrten sie mich zu Jesus, der immer noch am Boden lag. »Hier!«, rief ein Soldat. »Pack an. Der kann ja nicht mal mehr seinen Balken schleppen, dieser Möchte-Gern-König!« – So zwangen sie mich – einen Unbeteiligten – den Balken für Jesus zur Hinrichtungsstelle zu tragen. So wurde ich Zeuge seiner Kreuzigung.

Zweites braunes Tuch von oben nach unten legen. (Beide Tücher bilden nun die Kreuzesform.) Teelicht für Jesus in die Mitte der Kreuzesform stellen.

Als sie ihn gekreuzigt hatten, befestigten sie eine Schrifttafel über seinem Kopf. Dort stand: Jesus von Nazaret, König der Juden.

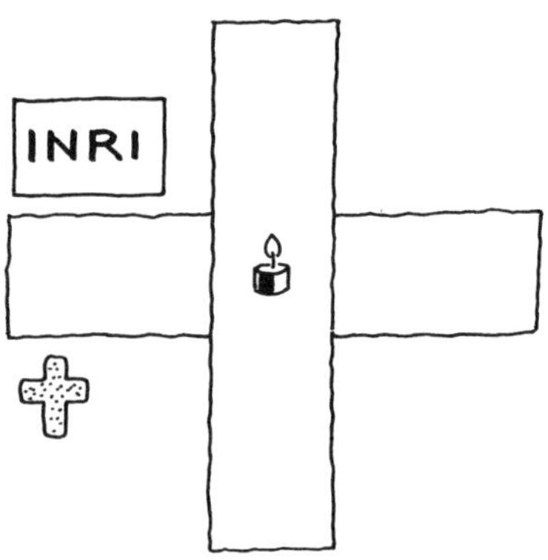

Schild mit der Aufschrift »INRI« ins linke obere Quadrat des Kreuzes legen.

Als ich das Schild betrachtete, sagte ein römische Offizier lachend zu mir: »Na, ein schöner König der Juden, dieser Jesus da. So geht es jedem, der Rom in die Quere kommt. Für die haben wir noch mehr als genug von diesen Holzbalken.«
Inzwischen hatte sich eine Gruppe von Soldaten unter das Kreuz gesetzt und sie fingen an, die Beute zu verteilen. Die Kleider und Wertgegenstände der gerade Gehängten. Die Würfel waren gefallen.

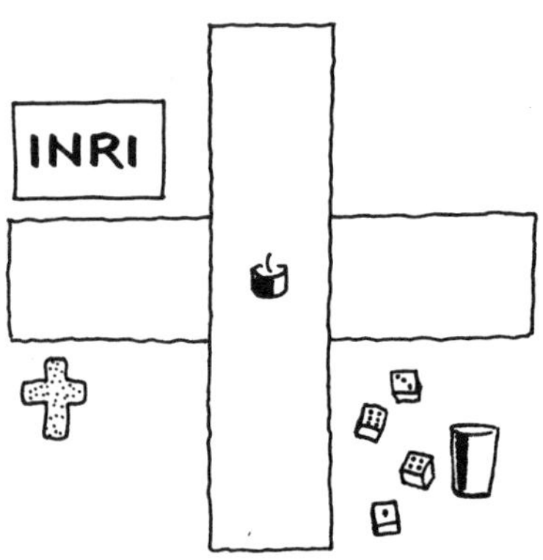

Würfelbecher mit Würfeln ins rechte untere Quadrat des Kreuzes legen.

Links und rechts von Jesus hatten sie noch zwei andere ans Kreuz gehängt. Niemand beachtete sie aber. Es waren gewöhnliche Straßenräuber, wie man mir sagte.

Auch vornehm gekleidete Ratsherrn waren eingetroffen. Sie erweckten den Eindruck nur zufällig vorbei gekommen zu sein. Doch komisch: Alle blieben vor dem Kreuz Jesu stehen und jeder hatte eine spöttische Bemerkung parat. So zufällig, wie sie taten, waren sie wohl doch nicht hier vorbei gekommen. Einer rief etwas von: »Tempel niederreißen und in drei Tagen wieder aufbauen.« – Ein anderer lästerte: »Wenn du Gottes Sohn bist, dann beweise es uns jetzt! Steig doch herab vom Kreuz!« –

Ein dritter sagte: »Wärst du wirklich ein Prophet, so wäre es nicht soweit mit dir gekommen. Verflucht, wer am Holz hängt!« Dann spuckte er vor Jesus auf den Boden und ging weiter.
Jetzt fiel mir ein, dass ich von diesem Jesus schon gehört hatte. Er soll Aussätzige geheilt haben und einen Blinden. Man erzählte sich mancherlei Wundergeschichten von ihm. Sollte dieser Wundertäter plötzlich zum Aufrührer geworden sein?
Dann wurde es auf einmal schlagartig dunkel am Himmel. Vor die Sonne schien sich ein mächtiger Schatten gelegt zu haben. Sogar die abgebrühten römischen Soldaten sprangen auf und man sah deutlich die wachsende Angst in ihren Gesichtern, je länger die Finsternis dauerte.

Schwarzes Tuch in das rechte obere Quadrat der Kreuzesform legen.

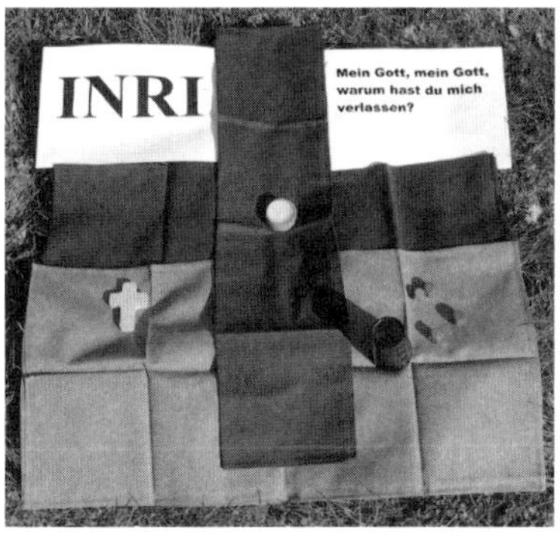

Dann schrie Jesus plötzlich auf. Ich verstand nicht, was er sagte. Ein offensichtlich frommer Jude, der gerade neben mir stand, sagte nachdenklich: »Er zitiert aus den Psalmen ›Mein Gott, mein Gott, warum hast du mich verlassen?‹«

DIN-A-4-Blatt mit diesem Psalmzitat auf das schwarze Tuch legen.

Dann sackte Jesus in sich zusammen. Er war tot.

Teelicht löschen.

Diesen Tod kann ich seitdem nicht mehr vergessen. Ich sehe noch das Gesicht Jesu, als ich ihm den Balken abgenommen habe. Obwohl er so schrecklich entstellt war, lag soviel Dankbarkeit und Liebe in seinem Blick. – In der Hektik hatte ich das zunächst gar nicht so richtig deuten können. – Und dann dieser erschütternde Schrei und diese merkwürdige Finsternis.
Ich bin damals weggegangen vom Richtplatz und bin den Anhängern dieses Jesus, von denen auch einige am Richtplatz waren, gefolgt. Man konnte sie an ihrer Erschütterung und Angst erkennen. – Zuerst fürchteten sie, ich sei ein römischer Spitzel. Dann nahmen sie mich doch bei sich auf. Sie erzählten mir viel von Jesus. Und jedes Mal, wenn wir über ihn sprachen, sah ich diesen Blick Jesu vor mir, wie ich ihm den Kreuzesbalken abnahm. Sein Gesicht ist mir ins Herz geschrieben.

Überleitung

In den Geschichten, die wir gehört haben, ist viel Unrecht geschehen. Freundschaft wurde verraten. Was Jesus zusammenführen wollte, wurde zerstreut. Die Würde Jesu wurde mit Füßen getreten, statt der Königskrone blieb für ihn nur die Dornenkrone. Am Kreuz hing er und schien von Gott verlassen. Vieles ging zu Bruch: Freundschaft, Gerechtigkeit, Menschlichkeit, Liebe. Ein Leben wurde gewaltsam zerstört. Dennoch ist das nicht das Ende. Im Kreuz ist Leben, was gebrochen ist, kann wieder zusammengefügt werden. Was im Kreuz verbunden ist trägt und hält.
Das zeigen uns die zusammengefügten Teile dieser Zweige, die wir gebrochen haben. Im Kreuz ist nicht nur Tod, im Kreuz ist Leben.

Zwei der angebrochenen grünen Zweige an den Bruchstellen in Kreuzform zusammenfügen und auf dem letzten Bodenbild ablegen.

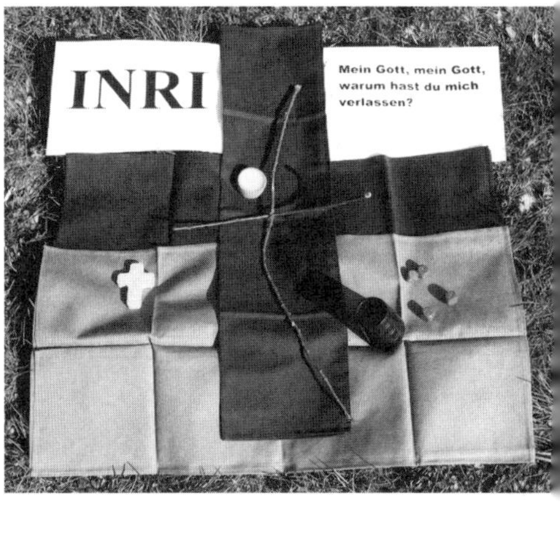

Wir singen: »Seht das Zeichen, seht das Kreuz …« (s. S. 22)

Liturgische Elemente

Eingangsgebet

Herr, Jesus Christus, du bist in unserer Mitte,
wenn wir deinem Kreuzweg an verschiedenen Stationen nachgehen.
Öffne unsere Herzen, damit wir uns von deiner Liebe berühren
und erfüllen lassen, der du durch Tod und Auferstehung heimgekehrt bist
zu Gott, deinem Vater, für alle Ewigkeit. Amen.

Lieder

Du bist da, wo Menschen leben (EH 74; LJ 498)

Geh mit uns auf unserm Weg

Musik: Ludger Edelkötter; Text: Norbert Weidinger; © KiMu Kinder MusikVerlag GmbH, 45219 Essen

Seht das Zeichen, seht das Kreuz

Text und Melodie: Hanni Neubauer.
Entnommen aus: Religinspädagogische Praxis, Handreichung für elementare Religionspädagogik, Jhg. 1980, Nr. I, S. 46,
© RPA-Verlag GmbH. www.rpa-verlag.de

Schlussgebet

Herr Jesus Christus, dein Kreuzweg ist nicht nur ein Leidensweg,
sondern ein Weg der Liebe.
Du bist ihn bis zum Ende gegangen.
Du hast alles für uns gegeben.
Segne uns, damit wir diese Liebe als Geschenk begreifen
und weitergeben können.
Wer gibt, schenkt anderen Leben.
So segne uns der allmächtige Gott, der Vater,
der Sohn und der Heilige Geist. Amen.

Varianten / Ideen zur Weiterführung und Vertiefung

Zur Erzählung von der Salbung in Betanien können die Kinder ihrem Nachbarn / ihrer Nachbarin reihum mit Salböl ein Kreuzzeichen in die Hand zeichnen und dazu sprechen: »Die Liebe Jesu zu dir hört niemals auf!« – Die Salbung kann natürlich für alle Kinder von den Mitarbeiter/innen durchgeführt werden.

Bei der Erzählung von der Kreuzigung kann der Satz des Simon von Cyrene aus der Erzählung aufgriffen werden: »Sein Gesicht ist mir ins Herz geschrieben.« Dazu wird nach der Erzählung in der Mitte eine Jesusikone aufgestellt. Es muss kein gekreuzigter Christus sein.
Die Kinder betrachten schweigend das Bild und versuchen sich das Gesicht Jesu einzuprägen. Die Stillephase wird mit einem Schlag an eine Klangschale eröffnet und beschlossen. Sie kann auch durch eine Atemübung vorbereitet werden: Auf den Atem achten, aufrecht sitzen, sich wahrnehmen.

Peter Hitzelberger

Eine freudige Nachricht breitet sich aus – Ostern und Pfingsten

Lukas 24 und Apostelgeschichte 2

Zu dieser Bearbeitung

Meist werden die Oster- und die Pfingstgeschichten den Kindern isoliert voneinander erzählt. Die Erzählung von der Himmelfahrt Jesu kommt vielleicht gar nicht im Kindergottesdienst vor, weil am Fest Christi Himmelfahrt in vielen Gemeinden kein Kindergottesdienst stattfindet. Deshalb sollen die Kinder einmal die Ereignisse nach der Auferstehung Jesu in einem gemeinsamen Erzählbogen hören können.
Mit dieser Einheit können die Kinder miterleben, wie sich das Osterlicht ausbreitet. Als Grundlage dienen die Oster-, Himmelfahrts- und Pfingstgeschichte nach Lukas 24, bzw. Apostelgeschichte 2. Dabei entfaltet sich die kleine Flamme Hoffnung von Ostern her, über den Abschied Jesu von seinen Jüngern, bis zur Begeisterung und dem »Feuer und Flamme«-Sein an Pfingsten.
Die Kinder erfahren, dass Jesu Geist bis heute weiterwirkt, begeistert und zu einer tragfähigen Gemeinschaft führt.
Gestaltet werden die Geschichten in Form eines wachsenden Mandalas (Kreisbildes).

Materialien

Ostergeschichte
- eine weiße runde Tischdecke
- ein Seil
- ein graues (dunkles) Tuch und eine Pappscheibe oder ein Stein (als Grab)
- eine Osterkerze (am besten zum selbst Gestalten, zu Beginn ist nur ein Kreuz auf der Kerze)
- ein schwarzes Tuch
- mindestens zwölf kleine Stumpenkerzen für die Jünger und Jüngerinnen (besser sind fünfzehn oder für jedes Kind eine)

Himmelfahrt
- eine weiße runde Tischdecke
- eine Osterkerze
- mindestens zwölf kleine Stumpenkerzen für die Jünger und Jüngerinnen (besser sind fünfzehn oder für jedes Kind eine)
- ausgeschnittene (oder zum Ausschneiden vorbereitete) Sonnenstrahlen, die von der Osterkerze zu den Stumpenkerzen reichen
- Wollfäden, die ebenso lang sind wie die Sonnenstrahlen
- ein Seil
- weiteres Legematerial: Glasnuggets, Holzstäbe, evtl. kleine Holzbausteine, Spielkügelchen, Vorhangringe aus Holz, Buchszweige, evtl. Filzblüten, getrocknete Blätter u.ä.

Pfingsten
- eine weiße runde Tischdecke
- eine Osterkerze
- mindestens zwölf kleine Stumpenkerzen für die Jünger und Jüngerinnen (besser sind fünfzehn oder für jedes Kind eine)
- ausgeschnittene (oder zum Ausschneiden vorbereitete) Sonnenstrahlen, die von der Osterkerze zu den Stumpenkerzen reichen
- Wollfäden, die ebenso lang sind wie die Sonnenstrahlen
- ein Seil
- ausgeschnittene Feuerflammen, mindestens so viele wie Jünger/innen
- Legematerial zum Bau der Häuser: Holzstäbe, kleine Holzbausteine
- weiteres Legematerial: Glasnuggets, Schusser, Vorhangringe aus Holz, Buchszweige, evtl. Filzblüten, getrocknete Blätter u.ä.
- Teelichter mit einer (Stoff-) Unterlage für jedes Kind

Erzählung der Ostergeschichte

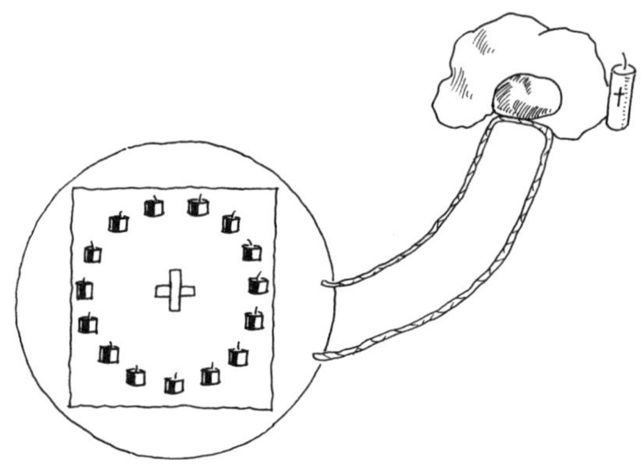

Ein Seil ist als Weg gelegt. Am einen Ende wird ein graues Tuch, das zu einer Höhle geformt ist, aufgestellt. Davor liegt eine runde Pappscheibe oder ein großer Stein. Hinter der Höhle steht eine Osterkerze, die noch nicht angezündet ist.

Am anderen Ende des Weges (Seils) liegt auf einer weißen runden Tischdecke ein schwarzes Tuch. Darauf stehen die Kerzen der Jünger im Kreis, brennen aber nicht. In der Mitte des Kerzenkreises ist ein Kreuz aus Holzstäbchen gelegt. Drei Stumpenkerzen werden für die Frauen bereit gehalten, die dann zum Grab gehen.

Maria Magdalena, Johanna, und die andere Maria haben die Nacht in einem Raum in Jerusalem verbracht. Es ist noch dunkel, kurz vor Sonnenaufgang.

»Maria, bist du schon wach?«, fragt Johanna leise. »Ja, ich habe heute Nacht wieder nicht geschlafen«, antworten beide wie aus einem Munde. »Ich auch nicht. Ich musste immer wieder an Jesus denken und wie schrecklich es ist, dass er gestorben ist«, sagt Johanna traurig und fängt an zu weinen. »Erinnere mich nur nicht mehr daran! Wie einen Verbrecher haben sie ihn behandelt! Die Soldaten haben unter seinem Kreuz sogar um seine Kleider gewürfelt«, sagt Maria Magdalena wütend.

»Es war einfach fürchterlich, dabeizustehen und Jesus nicht helfen zu können«, sagt die andere Maria leise mit Tränen in den Augen. »Aber ich bin froh, dass ich nicht davongelaufen bin wie viele andere von uns. So wissen wir wenigstens, wo sie Jesus begraben haben.« »Da hast du allerdings Recht!«, pflichtet ihr Johanna bei. »Ich habe mir die Stelle auf dem Friedhof genau gemerkt, damit wir das Grab wieder finden und Jesus wenigstens noch einbalsamieren können.«

»Auf was warten wir eigentlich noch?«, fragt Maria Magdalena plötzlich. »Die Sonne geht auf. Es ist Tag. Kommt, wir gehen mit unseren Salben zum Grab und balsamieren Jesus ein, bevor andere kommen und uns vielleicht wegschicken!«

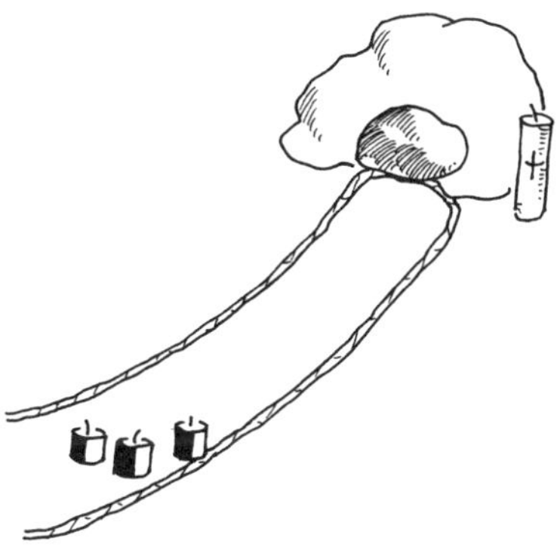

Drei Kerzen für die drei Frauen auf den Weg stellen.

Die drei Frauen machen sich mit ihren Salbgefäßen auf den Weg. Schweigend gehen sie durch die menschenleeren Gassen von Jerusalem, hinaus zum Friedhof. In ihrer Trauer, ist jede mit ihren eigenen Gedanken beschäftigt.

Die drei Frauen (Kerzen) langsam in Richtung Grabhöhle bewegen.

Als sie am Eingang des Friedhofs angekommen sind, fragt Johanna plötzlich: »Wer rollt uns eigentlich den Stein vom Grabeingang weg? Der ist so schwer, dass viele Männer mit anpacken mussten, um das Grab zu verschließen. Dann schaffen wir drei es bestimmt nicht, ihn wegzurollen.«

»Du hast Recht«, stimmen die beiden anderen erschrocken zu. »Wir hätten zu den Freunden von Jesus gehen und einige Männer bitten sollen, uns zu helfen«, sagt Maria.

Die Osterkerze hinter dem Grab entzünden und den Rollstein auf die Seite rollen.

Inzwischen sind sie in der Nähe des Grabes angekommen. Was ist das? Sie trauen ihren Augen nicht. »Schaut«, ruft die andere Maria entsetzt, »das Grab ist offen! Es wird doch nicht jemand ...?« Sie schauen sich an, keine traut sich den Gedanken fertig auszusprechen. Langsam gehen sie auf die Öffnung der Grabhöhle zu.

Die Frauen ganz nahe an die Öffnung stellen.

Vorsichtig schauen sie hinein. »Leer«, stammelt Maria. Entsetzt weichen die Frauen zurück. Sie drehen sich um und wollen weglaufen. Da stehen plötzlich zwei junge Männer vor ihnen: »Warum schaut ihr so entsetzt? Ihr sucht sicher Jesus von Nazaret, den sie gekreuzigt haben.« Die drei Frauen nicken stumm. »Er ist nicht mehr hier. Er lebt. Er ist auferstanden. Erinnert euch daran, was Jesus euch gesagt hat.«

Die brennende Osterkerze als Symbol für den Auferstandenen nun neben das Grab stellen.

»Auferstanden? – Nicht hier?«, murmeln sie verwirrt. So etwas sollte mit Jesus geschehen sein? Wenn das wirklich wahr wäre, dass Jesus nicht mehr tot ist, dass er lebt ...

Die Kerzen der Frauen jetzt an der Osterkerze entzünden.

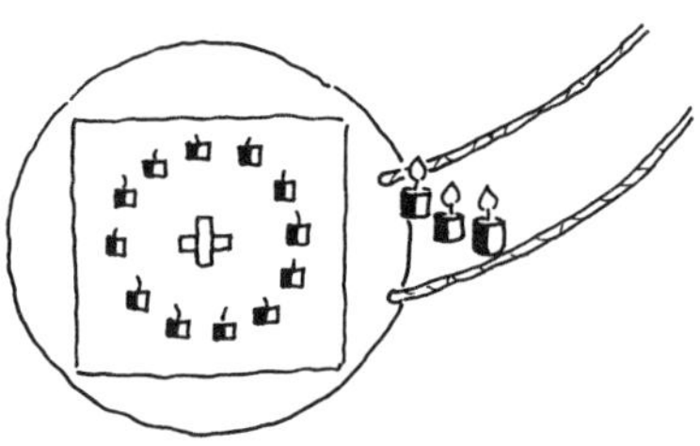

»Wenn Jesus lebt, dann können wir ihm wieder begegnen«, ruft Maria Magdalena, die als erste ihre Sprache wieder gefunden hat. »Vielleicht kommt er zu uns nach Jerusalem«, fährt Johanna fort. »Kommt schnell!«, sagt Maria Magdalena, »Das müssen wir gleich den anderen erzählen.«
Die drei Frauen machen kehrt und laufen zurück zu den anderen.

Die brennenden Kerzen der Frauen zum dunklen Tuch stellen.

»Ob sie uns glauben, dass Jesus lebt?«, fragt die andere Maria, als sie bei ihrem Haus in Jerusalem ankommen. »Wir gehen trotzdem hinein und erzählen ihnen, was wir gesehen und gehört haben«, fordert Maria Magdalena die anderen auf und klopft an die Tür. »Wer ist draußen?«, hören sie Petrus fragen. »Wir sind es, Maria, Johanna und die andere Maria, macht schnell auf! Wir haben euch etwas Wichtiges zu sagen. Jesus ... « – »Pst!«, zischt es auf der anderen Seite. »Macht doch nicht einen solchen Krach. Ihr wisst doch, wie gefährlich es ist, von Jesus zu reden, jetzt wo er tot ist«, hören sie die Stimme, während die Tür geöffnet wird.

Die Kerzen der Frauen auf das schwarze Tuch stellen.

»Das ist es ja gerade«, sprudelt es aus Maria Magdalena. »Jesus ist nicht tot. Er lebt!« – »Ich glaube, du träumst noch«, sagt Petrus als erster. »Ihr habt doch selbst gesagt, dass ihr gesehen habt, wie Jesus gestorben ist.« »Haben wir auch«, fährt Maria fort. »Aber heute Morgen gingen wir mit unseren Salbgefäßen zum Grab. Wir unterhielten uns gerade, wer uns wohl den Stein wegrollt, da sahen wir, dass das Grab offen war. Wir schauten hinein, und es war leer. Wir waren total erschrocken und vermuteten das Schlimmste, als plötzlich zwei junge Männer dastanden und uns fragten, warum wir einen Lebendigen bei den Toten suchen. Jesus sei nicht hier. Das haben wir ja auch mit eigenen Augen gesehen ...« Da hält es Petrus nicht mehr auf seinem Stuhl: »Das muss ich sehen, vorher glaube ich euch kein Wort!« Er schnappt seinen Umhang und läuft zur Tür hinaus.

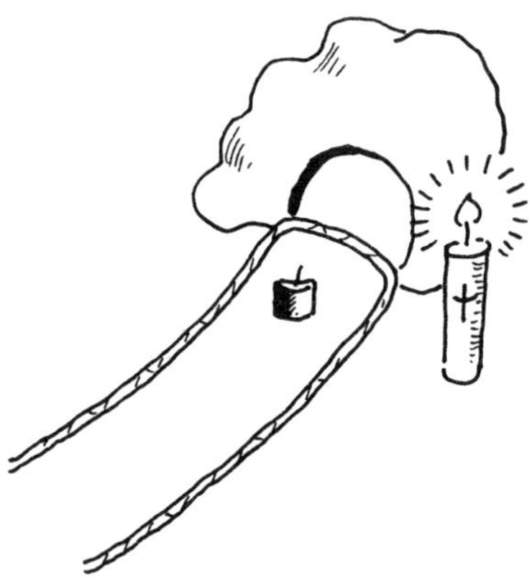

Kerze des Petrus auf den Weg zum Grab stellen.

Nach einiger Zeit kommt er wieder ...

Kerze des Petrus wieder zurückstellen.

... und sagt: »Es stimmt, das Grab ist leer! – Seltsam!« Die anderen Jünger sind sprachlos. Sie wissen nicht, was das zu bedeuten hat. »Wenn das stimmt, dass Jesus lebt, dann ...«, sagt Petrus schließlich mit leuchtenden Augen.
Einige Zeit später ist Jesus selbst zu den Jüngern gekommen.

Die Osterkerze in die Mitte des gelegten Kreuzes stellen, die restlichen Kerzen an der Osterkerze entzünden.

Da konnten sie es selbst sehen: Jesus ist auferstanden und lebt. Als er dann sogar mit ihnen gesprochen und gegessen hat, da ist ihnen das Licht endgültig aufgegangen: Jesus lebt!

Mit den Kindern ein Osterlied singen (s. Vorschläge unter »Liturgische Elemente« S. 32).

So sind die Frauen die ersten, die erfahren haben, dass Jesus lebt, und die ersten, die anderen davon erzählen. Diese freudige Nachricht verbreitet sich unaufhaltsam unter den Freunden von Jesus.

Nach der Erzählung kann die Osterkerze mit Sonnenstrahlen, die vom Kreuz ausgehen, gestaltet werden. Genauso können die Stumpenkerzen der Kinder verziert werden.

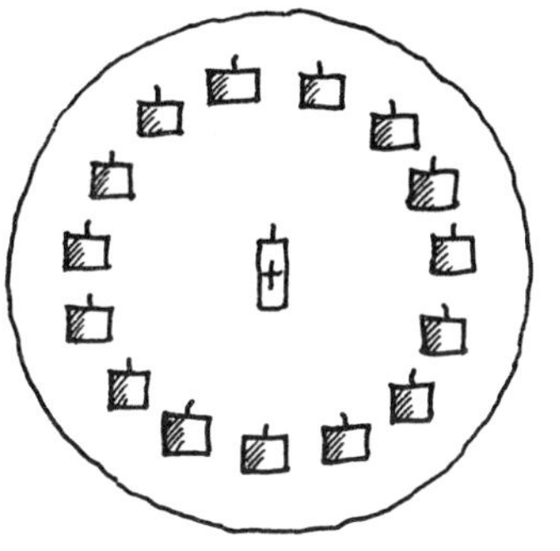

Erzählung zu Himmelfahrt

Eine weiße runde Tischdecke liegt aus. In deren Mitte steht die gestaltete Osterkerze als Zeichen für Jesus. Im Kreis stehen am Rand der Tischdecke 15 Stumpenkerzen für die Jünger und Jüngerinnen Jesu (am besten sogar für jedes Kind eine Kerze).

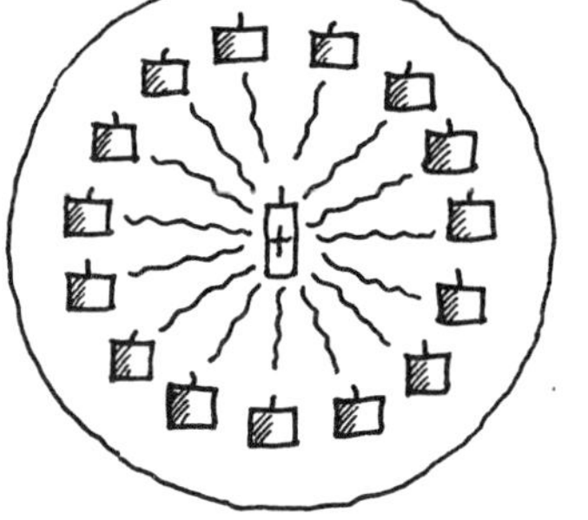

Jesus, seine Freunde und Freundinnen waren viel miteinander unterwegs. Für sie war klar: Jesus ist unsere Mitte, mit ihm wollen wir verbunden sein.

Die Jesuskerze (in der Mitte) und die Kerzen für die Jünger/innen mit Wollfäden verbinden.

Doch dann kam der Tag an dem alles zerbrochen schien. Jesus war tot. Die Verbindung zu ihm war abgerissen. Die Jünger und Jüngerinnen haben sich versteckt. Jede und jeder war nur mit sich selbst beschäftigt.

Wollfäden von der Mitte wegnehmen und jeweils um die zugehörige Jüngerkerze legen.

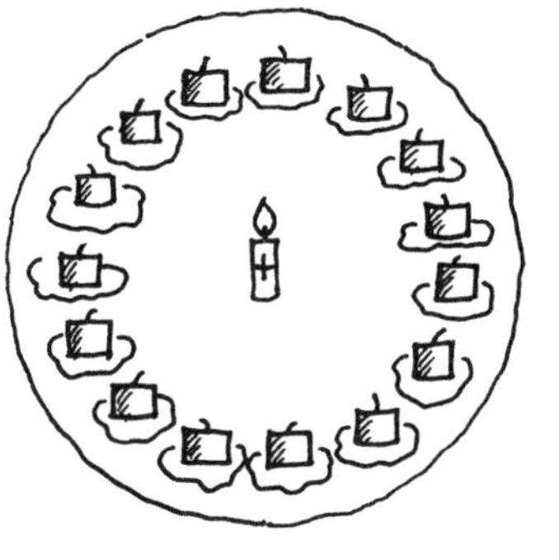

Wenige Tage später erleben sie das Wunder des Ostermorgens: Jesus ist auferstanden! Jesus lebt!

Jesuskerze entzünden.

Erst können sie es nicht glauben. Aber als Jesus in ihre Mitte kommt, mit ihnen spricht und isst, da geht ihnen ein Licht auf.

Kerzen der Jünger entzünden.

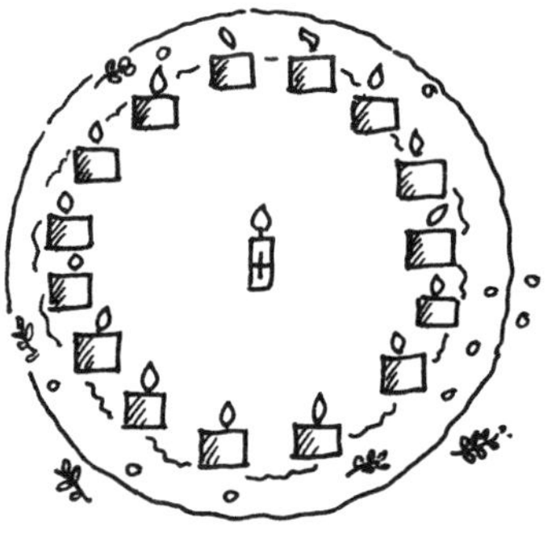

Viel Zeit verbringen sie in diesen Tagen gemeinsam. Sie teilen das Brot und den Wein miteinander und erinnern sich an das letzte Abendmahl. Das schweißt sie zusammen. Fest halten sie zusammen. Sie freuen sich, dass es ihnen miteinander so gut geht und Jesus immer wieder in ihrer Mitte ist.

Die Wollfäden als Verbindungen zwischen die Jüngerkerzen legen. Als Zeichen, dass es den Jüngern und Jüngerinnen gut geht legen wir um die Kerzen Muster mit Legematerial.

Als sie in diesen Tagen wieder mit ihm zusammensitzen, wird Jesus plötzlich ernst und sagt: »Ich habe euch etwas ganz Wichtiges zu sagen. Kommt morgen mit mir in die Gegend von Betanien, ganz hoch auf den Berg wollen wir gehen.« Und dann sehen sie ihn nicht mehr.
Die Jüngerinnen und Jünger sind verwundert. Warum macht Jesus es so spannend? Petrus erinnert sich: »Jesus hat uns ganz wichtige Dinge immer wieder auf Bergen erklärt. Da müssen wir morgen alle vollzählig erscheinen.«
Am nächsten Morgen haben sich die Jüngerinnen und Jünger an dem Ort, den Jesus ihnen genannt hat, eingefunden. Sie freuen sich auf das Zusammensein mit Jesus. Es ist ein schöner sonniger Tag. Sie sehen unten im Tal die Stadt Jerusalem liegen. Während alle den schönen Blick genießen, steht Jesus plötzlich bei Ihnen und sagt: »Schaut euch um. Schaut in dieses Land. Erzählt all den Menschen, die dort wohnen, dass ich am Kreuz gestorben und auferstanden bin. Erzählt ihnen, dass ich lebe und den Tod

besiegt habe. Ihr habt viel mit mir erlebt und viel von mir gehört. Geht hin und erzählt den Menschen, was ich euch erzählt habe. Sagt ihnen, dass keine und keiner allein sein muss, dass jede und jeder auf Gottes Liebe zählen kann. Verbreitet diese freudige Nachricht!

Lied: Eine freudige Nachricht breitet sich aus (LJ 372)

Dann fährt Jesus fort: »Ich will bei euch und bei allen Menschen sein, auch wenn ihr mich nicht mehr sehen könnt. Bleibt in Jerusalem. Haltet als Gemeinschaft zusammen, wie wir immer zusammengehalten haben.«
»Das klingt ja wie ein Abschied«, denkt Petrus. Aber Jesus spricht schon weiter: »Ich gebe euch die Kraft, damit ihr Mut bekommt, zu den Menschen zu gehen und ihnen von mir zu erzählen.« Dann geht Jesus zu jedem einzelnen hin, legt ihm oder ihr die Hände auf den Kopf und sagt: »Petrus, Maria, Johanna, … ich segne dich und du sollst ein Segen sein. Du sollst anderen Menschen von mir erzählen und ich will dich begleiten.«

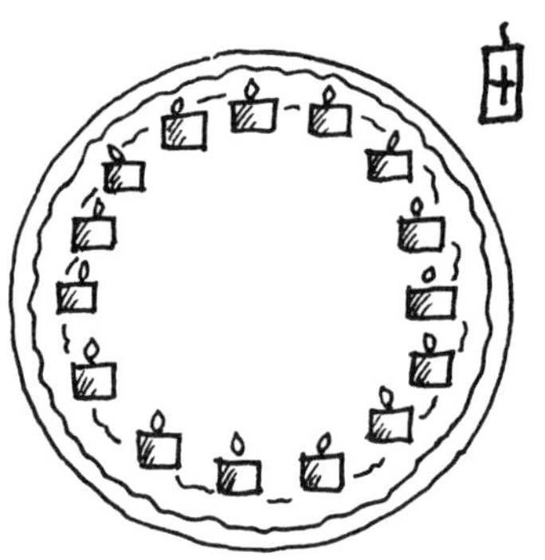

Während Jesus seine Jüngerinnen und Jünger segnet, spüren sie ganz intensiv seine Nähe. Jede und jeder ist in diesem Moment ganz in sich gesammelt. Sie halten die Augen geschlossen, um diesen Augenblick ganz in sich aufzunehmen. Als sie die Augen wieder öffnen, ist Jesus weg.

Die Jesuskerze aus dem Kreis herausnehmen.

Aber sie spüren, dass er ihnen nahe ist. Danach sehen die Jüngerinnen und Jünger Jesus nicht mehr. Aber oft spüren sie seine Nähe, wenn sie zusammen sind.
Nur den Mut zu den anderen zu gehen und von Jesus zu erzählen, den haben sie noch nicht. Sie haben Angst und rücken deshalb manchmal so eng zueinander, dass keiner mehr von außen rein kommen kann.

Ein Seil im Kreis um die Jüngerkerzen legen.

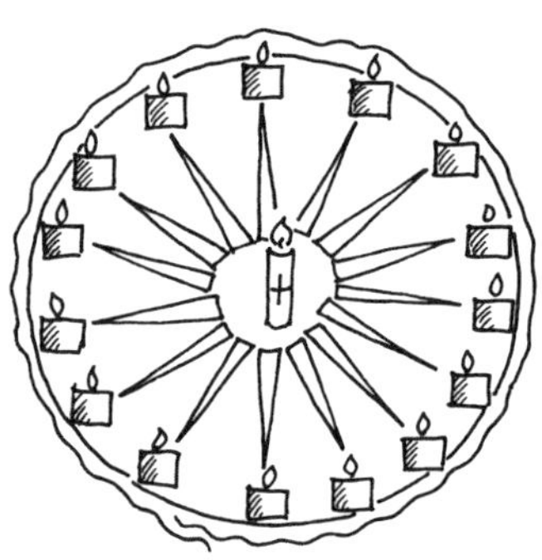

Doch dann erinnern sie sich daran, was Jesus zu ihnen gesagt hat. Auch wenn sie ihn nicht mehr sehen, sie spüren, dass Jesus in ihrer Mitte ist, strahlend wie die Ostersonne.

Die vorbereiteten Sonnenstrahlen zwischen die Jesuskerze und die Kerzen der Jünger im Kreis legen.
Wenn alle Kinder eine Kerze haben: Sonnenstrahlen zu den Kerzen legen und sprechen: »Jesus sagt: xy (die Namen der Kinder nennen) ich bin bei dir.« Wenn möglich, können die Kinder für ihre Nachbarin / ihren Nachbarn den Sonnenstrahl hinlegen und den Satz sprechen.

Erzählung zur Pfingstgeschichte

Eine weiße runde Tischdecke liegt aus. In deren Mitte steht die gestaltete Osterkerze als Zeichen für Jesus. Im Kreis stehen am Rand der Tischdecke 15 Stumpenkerzen für die Jünger und Jüngerinnen Jesu (am besten sogar für jedes Kind eine Kerze).

Jesus lebt.

Jesuskerze anzünden.

Jesus ist wieder da, diese Nachricht hat sich schnell unter seinen Freundinnen und Freunden herumgesprochen. Miteinander haben sie seine Auferstehung gefeiert. Das waren schöne Tage.

Kerzen der Jüngerinnen und Jünger (am besten für jedes Kind eine) an der Jesuskerze anzünden.

Und dann hat Jesus sich von ihnen verabschiedet. Er hat sie gesegnet und ihnen Mut zugesprochen. Auch wenn sie ihn nicht mehr gesehen haben, er ist ihre Mitte, strahlend wie die Ostersonne.

Sonnenstrahlen zu den Kerzen legen.

Viel Zeit haben sie miteinander verbracht. Sie freuen sich, dass es ihnen miteinander so gut geht.

Wollfäden als Verbindung zwischen die Jüngerkerzen legen.

Manchmal haben sie Angst vor den Menschen draußen in der Stadt. Sie können sich überhaupt nicht vorstellen, dass sie rausgehen und ihnen von Jesus erzählen. Das finden sie viel zu gefährlich, sie könnten ja auch gefangen genommen werden. Nein, da bleiben sie lieber zusammen und halten die Erinnerung an Jesus wach. Dann rücken sie so eng aneinander, dass keiner mehr von außen rein kommt.

Seil um die Jüngerkerzen legen.

Die anderen Menschen leben in ihren Häusern, weit weg vom Jüngerkreis. Jeder und jede hat mit sich zu tun.

Um den Kreis der Jünger legt jedes Kind ein Haus aus Steinen oder Stöcken. In die Mitte des Hauses wird ein Teelicht gestellt. (Bitte nur Legematerialien zum Bauen der Häuser hinstellen.)

So war das auch an dem Tag, von dem ich euch heute erzählen will.
Wie an jedem Tag sitzen die Jüngerinnen und Jünger zusammen. In der Stadt sind ganz viele Menschen zusammengekommen. Sie feiern ein großes Fest, aber die Freundinnen und Freunde von Jesus trauen sich nicht heraus.
»Ob Jesus uns vergessen hat?«, fragt Maria. »Ich glaube schon«, bestätigt Johanna und fährt fort: »Ich fühle mich so schwach und er wollte uns doch Kraft schicken. Er wollte doch, dass wir anderen von ihm – Jesus – erzählen. Und nun sitzen wir hier.« Dann schauen alle Petrus an und sagen: »Du bist doch der mutigste von uns. Petrus, was ist, traust du dich nicht raus?«
Doch auch Petrus schüttelt nur den Kopf.
Während sie so miteinander reden, passiert etwas ganz Überraschendes. Wie ein Brausen kommt es vom Himmel. Die Jünger werden lebendig. Sie wollen nicht mehr drinnen bleiben. Sie sind auf einmal völlig begeistert. Sie spüren: Jesus ist uns ganz nahe. Sie sind Feuer und Flamme.

Ausgeschnittene Flammen um den Kreis legen, mindestens für jede Kerze und zu jedem Haus eine.

Sie wollen plötzlich nicht mehr unter sich sein, sie wollen unbedingt raus. Petrus geht als erster nach draußen. Er stellt sich vor ganz viele Leute hin und fängt an, von Jesus zu erzählen, was er gesagt und getan hat, dass er

gestorben und auferstanden ist. Und alle hören ihm zu. Da fangen auch die anderen Jüngerinnen und Jünger an zu erzählen. Sie finden eine Sprache, um mit den Menschen zu reden. Sie überwinden ihre Scheu und ihre Angst.
Der Geist Gottes hat sie angesteckt. Und das Wunderbare geschieht. Die Menschen kommen aus ihren Häusern und verstehen, was ihnen erzählt wird. Viele werden von der Begeisterung angesteckt. Sie verstehen sich untereinander. Viele von ihnen sind auch Feuer und Flamme, von dem was ihnen erzählt wird. Der Geist Gottes erfüllt sie. Sie wollen auch dazugehören.
Das war der Anfang, an dem sich die freudige Nachricht ausgebreitet hat. Bis heute ist das so geblieben.

Teelichter aus den Häusern nehmen und an den Kerzen der Jünger entzünden.

Fröhlich kehren die Menschen in ihre Häuser zurück. Etwas Neues hat begonnen. Die Häuser haben sich verändert, so wie die Menschen sich verändert haben.

Häuser schmücken. (Jetzt wird das bunte Legematerial angeboten.)

Die Menschen haben sich die Hände gereicht so wie wir es heute auch tun. Sie haben zusammengehalten, haben sich begeistern lassen und die Geschichten von Jesus weitererzählt. Bis heute ist das so geblieben. Dafür wollen wir danken.

Wir fassen uns an den Händen und beten:
Danke, guter Gott, dass du immer für uns da bist ... (s. S. 32)

Liturgische Elemente

Für die ganze Reihe

Dies ist der Tag, den Gott gemacht hat
(nach Psalm 118)

Wir wollen alle fröhlich sein
in dieser österlichen Zeit:
denn unser Heil hat Gott bereit.
Halleluja, Halleluja, Halleluja, Halleluja.
Gelobt sei Christus, Marien Sohn!
(Melodie: EG 100; GL 223; LJ 78)

Dies ist der Tag, den der Herr macht.
Lasst uns freuen und fröhlich an ihm sein.
Lasst uns singen mit Freuden vom Sieg unseres Gottes über den Tod.
Ostern heißt: Christus ist erstanden. Jesus lebt.

Es ist erstanden Jesus Christ,
der an dem Kreuz gestorben ist,
dem sei Lob, Ehr zu aller Frist.
Halleluja, ...

Dies ist der Tag, den der Herr macht.
Lasst uns freuen und fröhlich an ihm sein.
Lasst uns das neue Leben feiern, das dem Tod widersteht.
Denn der Herr ist auferstanden.
Er ist wahrhaft auferstanden.

Es freu sich alle Christenheit
und lobe die Dreifaltigkeit
von nun an bis in Ewigkeit.
Halleluja, …

Eine freudige Nachricht breitet sich aus

4. Einer fragte den andern: »Du!
Hast du's gehört? Was sagst du dazu?«
Und Hunderte, Tausende wussten's im Nu.
Eine freudige Nachricht breitet sich aus …

5. Und wer es hörte, irgendwann,
die Nachricht, die viele Menschen gewann,
für den fing ein neues Leben an.
Eine freudige Nachricht breitet sich aus …

2. Erst war die Nachricht noch wie versteckt.
Drei oder vier, die habens entdeckt
und haben die Nachbarn aufgeschreckt.
Eine freudige Nachricht breitet sich aus …

3. Türen und Fenster rissen sie auf,
schrieens die Straße hinunter, hinauf.
Und so nahm die Freude ihren Lauf.
Eine freudige Nachricht breitet sich aus …

Text und Melodie: Martin Gotthard Schneider; Rechte beim Autor.

▷▷▷

Zur Ostererzählung

Lieder

- Wenn die Frauen sich auf den Weg zum Grab machen:
  »Seht das Zeichen, seht das Kreuz« (s. Seite 22)
- Während die Kerzen der Frauen angezündet werden:
  »Freut euch, freut euch, Ostern ist da (LJ 336) oder:
  »Er ist erstanden« (EG 116) oder: Ihr Christen, singet hocherfreut …
  (GL 221).
- Nach der Erzählung: »Eine freudige Nachricht breitet sich aus« (s. S. 31)

Zur Himmelfahrt

Lieder

- Wenn die Kinder mit Legematerial um die Kerzen Muster gelegt haben:
  »Wo zwei oder drei in meinem Namen …«
  (DS 35; EH 87; GL Liedanhang 986; KG 182; LJ 470; SL180)
- Während und nach der Erzählung:
  »Eine freudige Nachricht breitet sich aus« (s. S. 31)
- Nach dem Legen der Sonnenstrahlen:
  »Der Himmel geht über allen auf« (DS 352; EH 113; LJ 364; SL 197)

Zur Pfingstgeschichte

Lieder

- Zu Beginn: »Zu Ostern in Jerusalem« (DS 203; KG 74; LJ 340; SL 140)
  oder: »Wenn der Geist sich regt« (EH 83)
- Wenn die Kinder ihre Häuser gebaut haben:
  »Das wünsch ich sehr« (DS 288; LJ 488; MKL 1,5; SL 218)
  oder: »Du bist da, wo Menschen leben« (DS 232; GL Liedanhang 985;
  KG 147; LJ 498; MKL 1,42; SL 160)
- Nach der Erzählung: »Eine freudige Nachricht breitet sich aus« (s. S. 31)

Schlussgebet

Wir fassen uns an den Händen und beten:

Danke, guter Gott, dass du immer für uns da bist.
Wir fühlen uns oft stark und mutig,
aber manchmal auch mutlos und schwach.
Wir brauchen immer wieder deine Hilfe und Kraft.
Danke Jesus, dass du uns dann deinen Geist schenkst.
Der kann uns neu begeistern.
Dann können wir für dich und für andere da sein. Amen.

Gerlinde Tröbs

Von der Trauer zur Freude - Ostern

Lukas 24,1–12

Zum Text

Der Verfasser des Lukasevangeliums erzählt in seiner ersten Auferstehungsgeschichte von den Ostererfahrungen der Frauen, die Jesus am Karfreitag im Felsengrab beigesetzt haben (23,55-56). Namentlich genannt werden drei Frauen (24,10). Dabei sind aber noch andere Frauen, die mit Jesus aus Galiläa nach Jerusalem gekommen waren.
Sie wollen dem toten Jesus mit der Salbung den letzten Liebesdienst erweisen. Sie finden den Toten nicht im Grab und sind ratlos. Die Erscheinung der Engel lässt sie erschrecken, ähnlich wie damals die Hirten auf den Feldern bei Bethlehem. Lukas erzählt von zwei Engeln, weil er offenbar an die zwei Zeugen denkt, die notwendig sind, um eine Aussage als glaubwürdig anzuerkennen.
Die Botschaft der Engel ist entscheidend. Sie bewirkt eine innere Verwandlung der Frauen. Der erste Satz des Engels ist eine Frage, die auch an die Hörerinnen gerichtet ist: »Was sucht ihr den Lebenden bei den Toten?« Danach erfolgt die Auferstehungsbotschaft: »Er ist nicht hier. Er ist auferstanden.« Dann werden sie daran erinnert, dass Jesus selbst seinen Jüngerinnen und Jüngern gesagt hat, dass er den Kreuzestod sterben muss und nach drei Tagen auferstehen wird. Da erst ist es den Frauen möglich, das Grab zu verlassen, zu den Jüngern zu laufen und ihnen zu erzählen, dass Jesus lebt.
Die Männer aber tun das als Geschwätz der Frauen ab. In Vers 12 berichtet Lukas allerdings von Petrus, der als einziger zum Grab läuft, die Leinentücher findet und ratlos ist. Das bedeutet, das leere Grab bringt die Menschen noch nicht von der Trauer zur Freude über die Auferstehung Jesu. Sie müssen Jesu Spuren suchen, nicht auf dem Friedhof, sondern im Leben.

Kinder brauchen wie die Frauen Anhaltspunkte und Zeichen, dass Jesus lebt. Erst dann können sie in die Osterfreude einstimmen und von Herzen singen: »Jesus lebt, ich freue mich. Er ist mir ganz nah«.
Indem die Kinder den Weg der Frauen in Gedanken mitgehen, finden sie vielleicht ihren eigenen Weg und entdecken den auferstandenen Jesus in ihrem Alltag. Menschen, die wie ein Engel sind, können ihnen dabei helfen.
Besonders kleinere Kinder leben mit der Erfahrung, von Engeln begleitet zu werden. Sie erhoffen Wunder und halten an der Hoffnung fest, dass alles gut werden wird.
Die Kinder sollen also den inneren Weg der Frauen von der Trauer zur Freude mitgehen und nach Zeichen suchen, die auf den lebendigen Jesus hinweisen können.

Materialien

- ggf. ein großes hellbraunes Tuch (etwa Größe eines Bettlakens) für den Untergrund
- zwei grüne Tücher (ca. 70 x 70 cm) für das Kreuz
- Steine für ein Höhlengrab
- ein kleines weißes Baumwolltuch (etwas größer als eine Holzkegelfigur)
- ein schwarzes Tuch
- ein rotes Tuch (als Haus gelegt)
- ein dunkelbraunes Tuch für den Weg
- eine Osterkerze oder eine einfache weiße Stumpenkerze
- Streichhölzer
- Glasnuggets
- 10 Holzkegelfiguren, die mit schwarzen bzw. weißen Umhängen aus Papier versehen werden

Zur Erzählung

Folgendes Bodenbild ist vorbereitet worden, bevor die Kinder den Raum betreten:
In der Mitte ist ein großes hellbraunes Tuch ausgelegt. Auf der einen Seite liegt ein Kreuz, das aus zwei grünen Tüchern gelegt ist. In der Mitte des Kreuzes befindet sich eine Höhle, die aus aufeinandergeschichteten Steinen gebaut wurde (das Felsengrab). In der Höhle ist ein kleines weißes Tuch versteckt. Das Kreuz mit der Grabhöhle ist zugedeckt von einem großen schwarzen Tuch. Während der folgenden Erzählung verändert sich das Bodenbild.

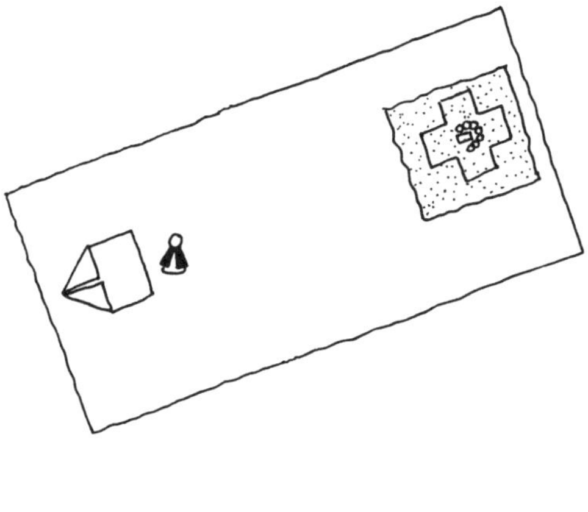

- Die Kinder setzen sich im Kreis um das vorbereitete Bild.
- Sie äußern ihre Gedanken und Vermutungen zu dem Bild in der Mitte. Sie können auch das Tuch betasten. Dann wird das schwarze Tuch vorsichtig abgedeckt und das entstandene Bild darunter betrachtet. Was erkennen die Kinder dort?
- Auf das andere Ende des großen braunen Tuches wird ein Haus aus einem roten Tuch gelegt. Vor das Haus wird eine Holzkegelfigur mit schwarzem Umhang gestellt.

Erzählung und Bodenbild

Während der Erzählung deutet der Erzähler auf das vorbereitete Bodenbild.

Ich bin Maria aus Magdala, eine Freundin von Jesus. Eigentlich wohne ich am See Genezaret, aber zur Zeit bin ich hier in Jerusalem. Ich bin zusammen mit anderen Freundinnen und Freunden von Jesus mit ihm nach Jerusalem gezogen, um das Passahfest zu feiern. Doch dann ist etwas Schreckliches geschehen. Jesus wurde gefangengenommen und getötet. Meine Freundinnen und ich haben den toten Jesus in ein weißes Leinentuch gewickelt und in ein Felsengrab gelegt. Dann sind wir schnell zu unseren Freunden in dieses Haus hier gelaufen und haben uns versteckt.
Jetzt ist das Passahfest vorbei. Bald wird die Sonne aufgehen und die neue Woche beginnt. Eigentlich wollten wir heute wieder mit Jesus zurück zum See Genezaret gehen. Ach, was sollen wir jetzt nur machen?
Die anderen schlafen noch. Aber ich kann nicht schlafen – seit drei Tagen schon nicht. Ich werde jetzt zwei meiner Freundinnen wecken. Wir müssen noch einmal zum Grab gehen. Wir haben gut riechende Öle und Salben zubereitet. Damit wollen wir den toten Jesus salben, also seinen Körper cremen und ölen. Das ist das einzige, was wir jetzt noch tun können. Wir wollen ihn wenigstens noch ein letztes Mal sehen.

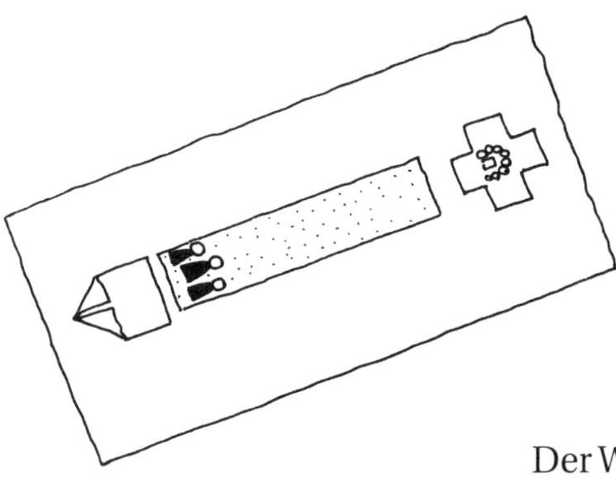

Zwei weitere Kegelfiguren mit schwarzen Umhängen werden zu ihr gestellt.

Maria Magdalena hat ihre beiden besten Freundinnen geweckt. Die drei gehen los zum Felsengrab.

Mit einem gefalteten dunkelbraunen Tuch wird ein Weg zum Kreuz gelegt. Die drei Kegelfiguren werden auf den Weg gestellt.

Die Frauen fühlen sich sehr allein. Sie denken: »Ich bin traurig und allein. Es ist schwer, allein zu sein.«

Dieses Lied (s. Seite 36) wird angestimmt und von den Kindern aufgenommen und wiederholt.

Der Weg kommt den Frauen sehr lang vor. Da stehen sie endlich am Grab.

Die Figuren vor die Grabhöhle stellen.

Aber was ist das?

Den Stein vom Höhleneingang entfernen.

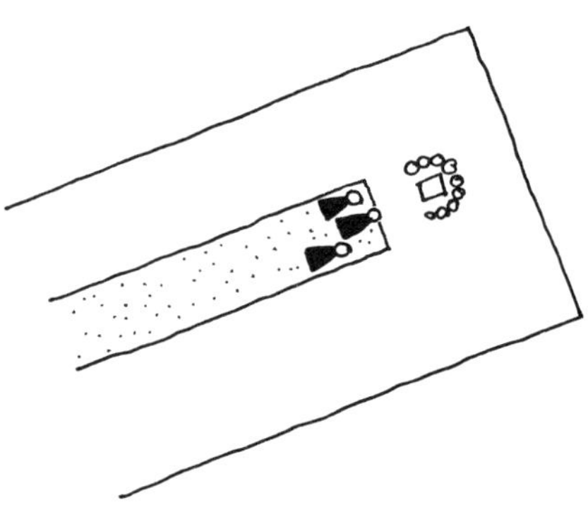

Das Grab ist offen. Jemand hat den Stein weggerollt, mit dem es verschlossen war. Die Frauen schauen hinein. Sie sehen den toten Jesus nicht. Sie finden nur das Tuch, in das sie ihn am Freitag eingewickelt hatten.

Das weiße Tuch wird hervorgeholt.

Was kann passiert sein?

Rundgespräch mit den Kindern. Danach wird das Tuch wieder zurückgelegt.

Die Frauen sind ratlos. Vielleicht haben die Römer ihn weggebracht. Vielleicht hatten sie Angst, dass viele Leute kommen, um Abschied zu nehmen von Jesus. Da könnte es zu Unruhen kommen. –
Da plötzlich wird es ganz hell. Was ist das?

Zwei weiß gekleidete Holzkegelfiguren an das Grab stellen.

Zwei weiße Gestalten stehen da. »Engel«, denkt Maria, »Gottes Boten«. Sie hält sich die Augen zu. Die anderen schauen zu Boden. Sie fürchten sich. Da hören die Frauen die Frage: »Was sucht ihr den Lebenden bei den Toten?« Und weiter: »Er ist nicht hier. Er ist auferstanden. Erinnert euch daran, was Jesus in Galiläa gesagt hat. Der Menschensohn muss am Kreuz sterben. Aber nach drei Tagen wird er auferstehen.«

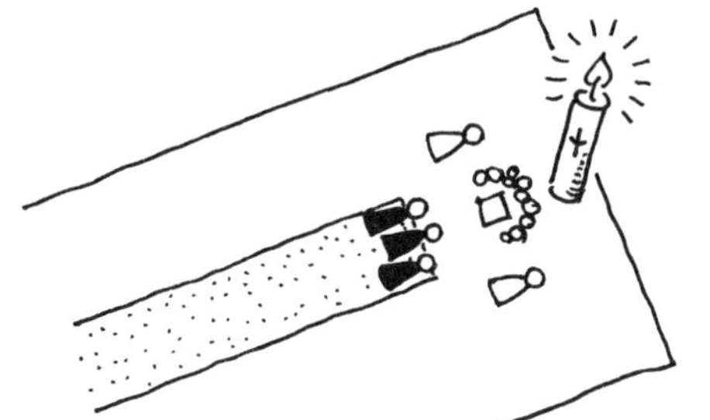

Die Frauen sind ganz still. Sie erinnern sich an diese Worte. Sie haben Jesus deutlich vor Augen. Ihnen wird warm ums Herz.

Die Osterkerze wird angezündet und dazu gestellt. Die weißen Figuren werden wieder weggenommen.

Dann sehen sich die drei Frauen an. Sie lächeln einander zu. Maria legt ihr schwarzes Gewand ab. Ihre Freundinnen tun es auch.

Die schwarzen Gewänder werden ausgezogen. Darunter kommen weiße Gewänder zum Vorschein.

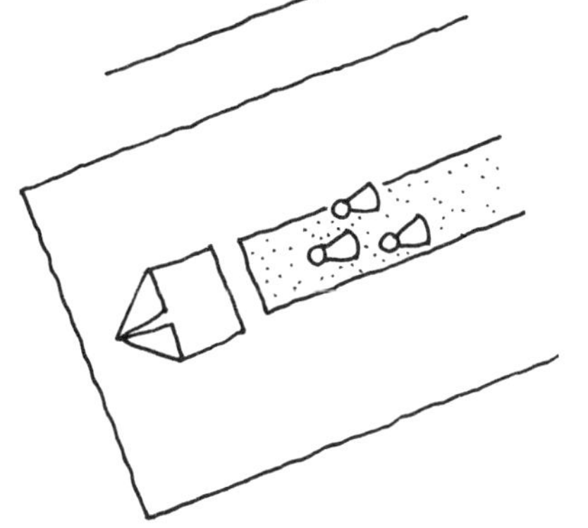

Strahlend vor Freude laufen sie zurück. Sie werden jetzt selber zu Boten.

Die drei Figuren mit ihren weißen Gewändern werden auf den Weg Richtung Haus gestellt.

Die Frauen stimmen ein Lied an. Aber es ist ein anderes Lied als auf dem Weg zum Grab: »Jesus lebt, ich freue mich. Er ist mir ganz nah«.

Dieses Lied (s. Seite 37) wird angestimmt und von den Kindern aufgenommen und wiederholt.

Die Osterkerze wird weggestellt.

Maria und ihre Freundinnen sind wieder am Haus angekommen. Sie singen immer noch. Da kommen ein paar Männer heraus. Petrus ist auch dabei.

Fünf schwarz gekleidete Figuren werden vor das Haus gestellt.

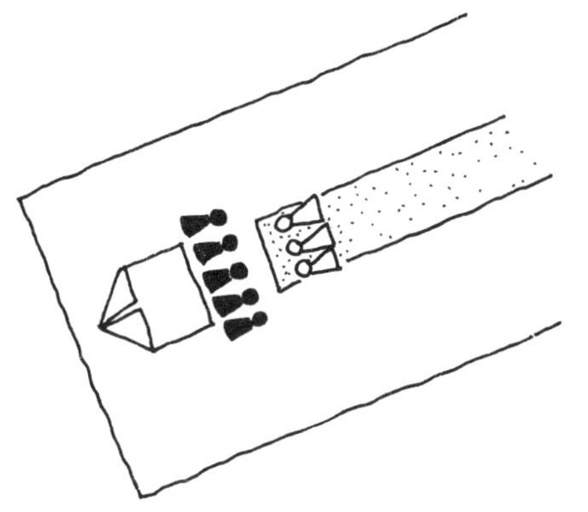

»Was ist denn mit euch los?«, fragen sie. »Ihr seid ja wohl völlig übergeschnappt.«

»Ja, Freunde. Wir haben etwas erlebt, das müssen wir euch erzählen.«

Die Kinder überlegen und erzählen, was Maria und ihre Freundinnen den Männern erzählt haben.

Petrus und die anderen hören sich alles an. Dann winken sie ab. »Das ist Weibergeschwätz. Ihr seid verrückt geworden vor Kummer.« –

»Nein«, sagt Petrus, »das kann ich nicht glauben.« Aber dann geht er doch los und steht am Grab und sieht hinein.

Eine schwarz gekleidete Figur an das Grab stellen.

Er findet das weiße Leinentuch und ist ratlos.

Das weiße Tuch wird noch einmal gezeigt.

Wo soll er Jesus suchen? Was würdet ihr sagen?

(Die Kinder äußern sich.)

Liturgische Elemente

Lieder

Ich bin traurig und allein (s. Seite 36)
Jesus lebt, ich freue mich (s. Seite 37)

Ich bin traurig und allein

Text und Melodie: Iris Lang, Rechte bei der Autorin

Schlussgebet

Jesus, unser Freund und Helfer,
wie die Ostereier, so suchen wir auch die Osterfreude,
zum Beispiel, wenn wir sehr traurig sind.
Wir suchen dich, wenn wir nicht weiterwissen.
Wir suchen dich, wenn wir einen guten Freund brauchen.
Wir suchen dich, weil du es gut mit uns meinst.
Komm und lass uns spüren, dass du da bist.
Du bist doch auferstanden und lebst unter uns,
auch wenn wir dich nicht sehen können. Amen.

Ideen zur Weiterführung und Vertiefung

Es kann sich ein Gespräch anschließen. Die Kinder sollen heute Zeichen von Jesus finden.
Dann wird die Osterkerze auf den Weg gestellt. Die Kinder werden aufgefordert, bunte Glasnuggets auf den Weg und um das Kreuz zu legen. Die bunten Steine sind Zeichen der Auferstehung. Manche Zeichen werden für uns sichtbar. Andere können wir vielleicht nicht erkennen.
Danach singen die Kinder die anderen Strophen von »Jesus lebt, ich freue mich« mit Bewegungen.

Anschließend können die Kinder kleine Osterzeichen suchen. Das können Ostereier oder andere Überraschungen sein, die vorher versteckt wurden.

Heide Aßmann

Jesus lebt, ich freue mich

2. Jesus lebt, ich freue mich.
Er ist mir ganz nah.
Drum stampfe ich,
weil ich mich freu ...

3. Jesus lebt, ich freue mich.
Er ist mir ganz nah.
Drum hüpfe ich,
weil ich mich freu ...

4. Jesus lebt, ich freue mich.
Er ist mir ganz nah.
Drum tanze ich,
weil ich mich freu ...

5. Jesus lebt, ich freue mich.
Er ist mir ganz nah.
Ich mach Musik,
weil ich mich freu ...

Gottes Geist erfüllt mit Begeisterung – Pfingsten

Apostelgeschichte 2,1-18

Zum Text

Obwohl die Jünger erfahren haben, dass Jesus lebt, hat sie erst das Pfingstereignis dazu getrieben die Türen und Fenster aufzumachen, die sie aus Angst verschlossen hatten. Feuer und Wind verdeutlichen in Apostelgeschichte 2 die Wirkung des Heiligen Geistes, die aus furchtsamen und verschlossenen Menschen begeisterte Zeugen der Frohen Botschaft macht.
Kinder sind fasziniert vom Wind. Im Herbst lassen sie mit Begeisterung die Drachen steigen oder beobachten das Tanzen der herabfallenden Blätter. Im Sommer üben die Pusteblumen eine eigentümliche Anziehungskraft aus. Selber einmal »Wind« spielen und etwas vorantreiben macht Kindern besondere Freude (z.B. Schiffchen auf dem Wasser anpusten, dass sie davon schwimmen).
Wind bringt etwas in Bewegung, das uns Menschen erstaunen lässt. Dieser positive Aspekt, den die Kinder in ihrem alltäglichen Leben erfahren und kennen, soll für die Erzählung der Pfingstgeschichte fruchtbar gemacht werden.
Dort, wo der Geist Gottes den Menschen erfüllt, bleibt nichts mehr wie es war. Gottes Kraft be-geist-ert die Menschen so, dass sie dies nicht mehr für sich behalten können. Sie möchten anderen davon erzählen und sie daran teilhaben lassen. Es drängt sie geradezu ihre Begeisterung weiter zu sagen. Auch diese Erfahrung kennen die Kinder. Haben sie in der Schule oder im Kindergarten etwas Schönes erlebt, sind sie kaum zu halten und möchten ihre Freude zum Ausdruck bringen. So verhält es sich auch mit der Geisterfahrung an Pfingsten. Gottes Geist ergreift die Menschen, bringt sie in Bewegung, ermutigt sie, die gute Nachricht (das Evangelium) be-geist-ert weiter zu erzählen: Mitzuteilen, was sie selbst von Gott erfahren haben. Und wo diese Geisteskraft Gottes die Menschen erfüllt, da kann das Leben zu einem Fest werden.

Materialien

- verschiedenfarbige Tücher entsprechend der Anzahl der Kinder
- ein rotes Tuch für die Mitte
- Männer und Frauen (Biege-Puppen)
- Federn für jedes Kind
- Glasnuggets, Holzstäbe, Holzscheiben, Holzkegelfiguren
- rote, orangefarbene und gelbe »Feuerzungen«
- Fächer oder stärkeres Blatt Papier
- CD: »In Dir ist Freude«, Lieder aus dem Evangelischen Gesangbuch, daraus das Lied: »In dir ist Freude« (EG 398)
- für jedes Kind ein Orff-Instrument, z.B. Xylophone, Glockenspiele, Klanghölzer, Zimbeln

Geeignete »Musikinstrumente« können auch leicht selbst hergestellt werden, z.B. Joghurt-Becher mit Reis, Bohnen, Erbsen füllen, Topfdeckel, Glasflaschen (evtl. mit Wasser füllen, je nach Wassermenge erklingen die Töne in unterschiedlicher Höhe oder auch den Körper mit einbeziehen, z.B. klatschen, schnipsen, Töne erzeugen ...).

Ankommen / Einstimmung

Es wird das Lied »In dir ist Freude« (s.o.) eingespielt.
In der Mitte ist aus einem roten Tuch ein Haus gestaltet. Verschiedene Biege-Puppen (Frauen und Jünger/Männer) sind im Haus aufgestellt.

Stille-Übung

Ich bitte euch, am Anfang unseres Gottesdienstes ganz still zu werden. Wir wollen leise sein und die Augen schließen. In der Stille und mit geschlossenen Augen, könnt ihr besser spüren und fühlen, was gleich geschieht. Wenn ich die Triangel anschlage, schließt ihr also bitte die Augen und wartet ab, was passiert.

Triangel anschlagen.
Die Kinder schließen die Augen. Mit einem Fächer oder einem Blatt Papier wird vor dem Gesicht eines jeden Kindes Wind erzeugt.

Triangel anschlagen.
Die Kinder öffnen ihre Augen und erzählen, was sie gespürt haben und von ihren Erfahrungen mit dem Wind.
Dabei sollte man darauf achten, dass die positiven Erlebnisse in Blick genommen werden.

Zusammenfassung

Mit folgendem Text lassen sich die guten Erfahrungen zusammenfassen.

Du hast die Luft gespürt, ihre Bewegung und ihre Kraft.
Sie war wie ein sanfter Wind.
Wind kann wehen, brausen, stürmen.
Er kann dich streicheln und kühlen.
Er kann deine Haare durcheinander wirbeln.
Er kann deinen Drachen steigen lassen.
Er treibt die Blätter vor sich her und bewegt die Wolken.
Der Wind sagt:
Ich bin leise und laut.
Ich kann säuseln und pfeifen.
Ich kann kühlen und blasen.
Manchmal bin ich wild und manchmal ganz sanft.

Erzählung

(Bibel-Erzählung in Anlehnung an: Eleonore Beck, Paul König, Meine Bilderbibel, Verlag Butzon & Bercker, Kevelaer 1994, S. 257)

Heute hören wir eine Geschichte, die uns in das Land Jesu führt, in eine Stadt in Israel.

Auf die gelegte Mitte hinweisen (Abb. linke Seite). Die Kinder dürfen beschreiben, was sie sehen: Haus, Menschen (Männer, Frauen).

In dem Haus sind Menschen; wer sind diese Männer und Frauen?
Es sind die Freunde Jesu, Männer und Frauen. Sie haben sich alle in einem Haus in der großen Stadt Jerusalem versammelt.
Es ist der Tag des großen Erntedankfestes.
Die ganze Stadt ist voll fröhlicher Menschen.
Auch die Freunde Jesu sind zusammengekommen, um das Erntedankfest zu feiern.

Wir wollen nun mit unseren Musikinstrumenten spielen und zeigen, wie es ist, wenn wir uns freuen und fröhlich sind oder ein Fest feiern.

Jedes Kind schlägt der Reihe nach sein Musikinstrument an und zeigt wie es klingt, wenn es sich freut. Zum Schluss spielen alle gemeinsam auf ihrem Instrument.
Danach legen die Kinder ihre Musikinstrumente wieder unter ihren Stuhl.

Die Freunde Jesu sind so im Haus beisammen und plötzlich geschieht etwas, was sie nicht verstehen.
Ein gewaltiges Brausen kommt vom Himmel her. Jesu Freunde sind ganz verwundert und erstaunt, denn noch nie haben sie so ein heftiges Brausen gehört. Das ganze Haus ist voll davon.

Die Kinder ahmen das Brausen des Windes nach. Ein Zischlaut zuerst ganz leise, dann immer stärker und lauter werdend.

Was geschieht, wenn ein Wind aufkommt, wollen wir jetzt einmal sehen:

Jedes Kind nimmt eine Feder aus dem Körbchen, legt sie auf die flache Hand und bläst die Feder an. Die Kinder tun dies mehrmals hintereinander und legen dann die Federn auf das rote Tuch, in das Haus.

Kurzes Gespräch mit den Kindern, in dem sie ihre Erfahrung äußern:
Wenn wir die Feder anblasen, fliegt sie weg.
Wenn ein Wind aufkommt, bleiben die Dinge nicht mehr an ihrem Platz, sondern sie fliegen fort, sie bewegen sich woanders hin.

Das ganze Haus ist voll von dem Brausen, das vom Himmel herfegt. Und plötzlich leuchtet ein helles Licht. Licht wie von Flammen; es scheint auf jeden. Die Männer und Frauen sind begeistert.
Es ist wie eine Kraft, die nicht aus ihnen selber kommt.
Eine Kraft, die Gott ihnen schenkt.
Sie erleben im Licht und in der Kraft Gottes den Heiligen Geist.
Die Freunde Jesu können sich fast nicht halten vor Freude, sie sind voll von dieser Kraft Gottes. Sie springen vor Glück und es drängt sie, anderen Menschen zu erzählen, was sie mit Jesus, ihrem Freund, erlebt haben. Sie laufen auf die Straße hinaus und rufen die Frohe Botschaft den Menschen zu.
Und wie ein flammendes Feuer läuft es durch die Stadt, was da im Haus der Freunde Jesu geschehen ist.

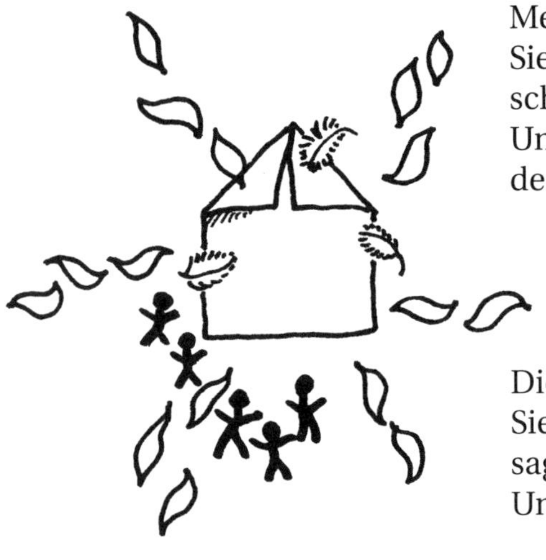

Die Biege-Puppen werden außerhalb des Hauses gestellt in relativer Nähe zueinander.
Jedes Kind nimmt aus dem Körbchen rote, orangefarbene und gelbe »Feuerzungen«.
Sie werden strahlenförmig um das Haus gelegt. Ein Flammenweg zum Platz jedes Kindes entsteht.

Die Freude und Begeisterung der Freunde Jesu möchte uns anstecken. Sie will auch uns erfüllen und drängen, die gute Nachricht Jesu weiterzusagen.
Und das wollen wir jetzt tun und singen ein Lied miteinander:

Kommt, sagt es allen weiter

(Text: Friedrich Walz 1964, Rechte: Gustav Bosse Verlag, Regenburg. Text etwas verändert. Melodie EG 225; LJ 142)

Aufstellung: Stehkreis, Hände durchgefasst.

Kommt, sagt es allen weiter,
Kinder fassen sich an den Händen und gehen im Kreis.

ruft es in jedes Haus hinein,
Hände trichterförmig vor den Mund legen.

kommt, sagt es allen weiter
Weiter im Kreis gehen, Hände durchgefasst.

Jesus ist hier bei uns.
Jedes Kind dreht sich um die eigene Achse mit ausgebreiteten Armen.

Beim Erntedankfest sind viele Menschen aus verschiedenen Ländern in Jerusalem. Manche von ihnen sind von weit her gekommen: Juden, Araber und Römer. Und das Außergewöhnliche: Obwohl sie verschiedene Sprachen sprechen, können sie alle verstehen, was die Freunde Jesu sagen. Ganz überrascht und verblüfft fragen sie: Warum können wir die Freunde Jesu verstehen? Die einen sind darüber ganz erstaunt und verwundert, doch andere lachen und sagen: Die Männer da haben zuviel Wein getrunken, sie sind nicht mehr ganz bei Verstand. Doch während sie noch untereinander reden, tritt plötzlich Petrus aus dem Kreis hervor, stellt sich vor sie hin und spricht zu ihnen:

Petrus-Biege-Puppe wird vorgestellt.

Der folgende Abschnitt kann von einer anderen Person gesprochen werden.

Wir sind nicht betrunken, wie ihr meint.
Aber jetzt ist geschehen, was schon die Propheten angekündigt haben.
Sie haben im Namen Gottes gesprochen und den Menschen sein Wort angesagt. Sie haben verkündet:
Gott wird seinen Geist über alle ausgießen.
Alle werden Propheten sein,
Männer und Frauen, Alte und Junge, Kleine und Große.
Gottes Geist gibt ihnen Mut und gibt ihnen Kraft.
Und sie werden begeistert sein.
Das ist jetzt geschehen.
Ihr habt es gesehen und gehört.
Kommt, freut euch mit uns
und lasst euch anstecken von Gottes Heiligem Geist.
Er möchte alle mit Freude erfüllen.

Von dieser Freude wollen wir uns anstecken lassen.
Wir wollen sie mit nach Hause nehmen und zu unseren Eltern, Geschwistern und Freunden tragen.

Wir legen nun ein Haus, an dem man sieht,
wie es voll von der Kraft Gottes ist.
Jeder von euch darf sich ein Tuch nehmen
und daraus ein Haus legen.
Wie sieht euer Haus aus,
wenn es von der Kraft Gottes erfüllt ist,
von seinem guten Geist?
Gestaltet es so, wie es aussieht,
wenn alle Menschen, die darin wohnen,
fröhlich sind und sich freuen.

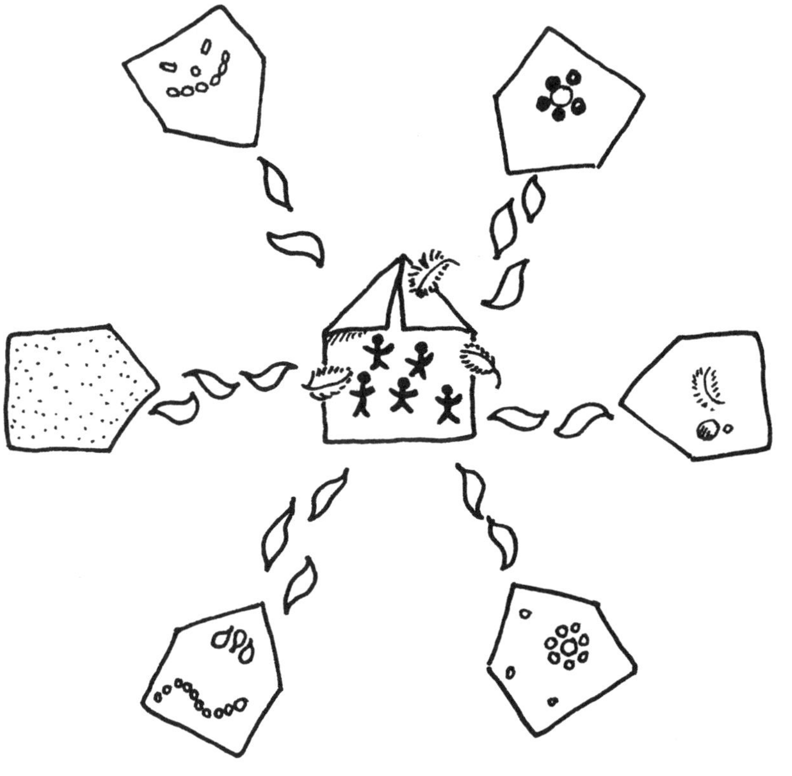

Die Kinder legen mit den bereit gestellten Legematerialien ihr Haus, das erfüllt ist von Freude und Heiligem Geist.
Damit die Kinder konzentriert und in Ruhe ihr Haus gestalten wird die Aktion von Musik begleitet, dazu kann man das instrumentale Stück »In dir ist Freude« wiederholen.
Am Ende der Aktion werden die einzelnen Häuser gemeinsam betrachtet. Dabei dürfen sich die Kinder zu ihrem »Werk« äußern, wenn sie möchten.

Wenn Menschen sich vom Geist Gottes anstecken und bewegen lassen, wenn sie voller Kraft und Tatendrang sind und sich freuen, wird ihr Leben zu einem Fest.
Das singen wir nun in einem Lied und mit diesem Lied schließen wir unseren Gottesdienst und nehmen die Freude mit nach Hause.

Unser Leben sei ein Fest

(Melodie: DS 85; EG Regionalteile; EH 153; LJ 616)

Unser Leben sei ein Fest.
Hände durchgefasst, alle gehen in Tanzrichtung nach rechts.

Jesu Geist in unserer Mitte.
Nach innen gehen, dabei die Arme vor den Körper führen.

Jesu Werk in unseren Händen,
Die Handhaltung lösen, die Hände mit geöffneter Handfläche nach oben vor dem Körper halten.

Jesu Geist in unseren Werken.
Hände wieder durchfassen und dabei nach außen gehen.

Unser Leben sei ein Fest
In Tanzrichtung nach rechts gehen.

in dieser Stunde und jeden Tag.
Mit ausgebreiteten Armen um die eigene Achse drehen.

Text: Josef Metternich Team; Musik: Peter Janssens
Aus: Wir haben einen Traum, 1972

Anette Pierro

Die Taufe Jesu

Matthäus 3,13–17

Zum Text

Nach Matthäus ist die erste »heilige« Handlung des erwachsenen Jesus, dass er sich von Johannes im Jordan taufen lässt. Johannes weiß, dass sein Kusin der Messias ist. Immer wieder hatte er auf ihn hingewiesen und gesagt, dass sich in ihm die Schrift erfüllen wird. Johannes ruft zur Umkehr und predigt die Ankunft des Himmelreiches auf der Erde.
Er tauft mit Wasser zur Reinigung. Viele lassen sich von ihm taufen und tun Buße. Johannes spricht von einem, der nach ihm kommt, um mit dem Heiligen Geist und Feuer zu taufen. Er selbst wäre nicht wert, ihm die Schuhe zu binden. Mit dieser Auffassung steht Johannes der Täufer am Jordan als Jesus selbst zu ihm kommt, um sich von ihm taufen zu lassen. Johannes ist sich bewusst, wer sich da von ihm taufen lassen will und hält sich und seine Wassertaufe für wertlos gegen das, was Jesus zu bieten hat. Jesus allerdings fordert Johannes auf, ihn zu taufen, um die Verheißung zu erfüllen. So soll es geschehen. Jesus steigt mit Johannes in den Fluss, taucht unter und wieder auf. Für Jesus tut sich im Anschluss an das Auftauchen der Himmel auf, er sieht den Geist Gottes herabschweben wie eine Taube und hört eine Stimme vom Himmel herab: »Dies ist mein geliebter Sohn, an dem ich Wohlgefallen habe!«
In der exegetischen Literatur wird hier von einer Adoptionsformel gesprochen. Das heißt, mit dieser Bestätigung von Gott ist die Identität Jesu als Gottes Sohn vom Himmel her bestätigt und sein Wirken auf der Erde kann beginnen ...

Materialien

- Blaues Chiffontuch
- eine Schüssel und einen Wasserkrug (Glas) oder Glastropfen für die Fürbitte
- ein (runder) Spiegel
- Kegelfiguren
- Gardinenringe (mit Isolierband in weiß und rot umwickeln)

Zur Erzählung

Die Geschichte eignet sich sowohl für eine »Freiluft Performance«, als auch in der Kirche. Je nach Wind und Wetter gibt es Variationen (Chiffon und Seidentücher haben wie Wind Tücken als Objekt ...)

Ein (am besten runder) Spiegel liegt in der Mitte. Selbstverständlich sollte es eine Phase geben, wo Äußerungen und Erfahrungen zu »Spiegel« eingebracht werden können, z.B.: »Schneewittchen: Spieglein, Spieglein an der Wand« oder »Ein zerbrochener Spiegel bedeutet sieben Jahre Unglück«. »Auch eine Pfütze kann den Himmel spiegeln« und »Spiegel lügen nicht« sind aufschlussreiche Redewendungen, die eine tiefe Bedeutsamkeit des Spiegels ansprechen. Sind einige gesammelt, wird zur Erzählung von der Taufe Jesu übergeleitet.

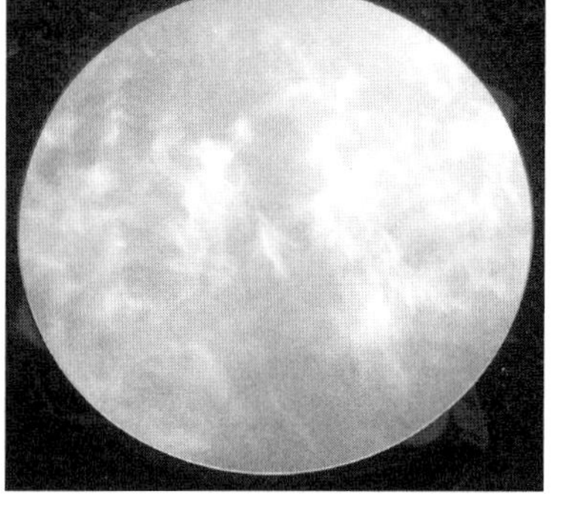

Erzählung und gestaltete Mitte

Es gibt biblische Geschichten, in denen sich das Leben spiegelt. Es gibt Geschichten, in denen wir uns wie in einem Spiegel erkennen und uns aufgeht: Das sind wir ja selbst. Manchmal genügt ein kurzer Blick auf die Oberfläche, manchmal reicht das nicht aus, und man muss auf den Grund und in die Tiefe gehen, um die Wahrheit und sich selbst zu erkennen. Es gibt Erzählungen in der Bibel, die spiegeln den Himmel wider – wie hier ...

Eine solche Geschichte ist die von der Taufe Jesu.
Es wird uns von einem Fluss erzählt, der Jordan heißt.
Über den Jordan war einst Josua, der Nachfolger von Mose mit dem Volk Israel ins gelobte Land gezogen ...
Das waren noch Zeiten! Gott ging mit dem Volk Israel. Gott versprach damals beim Überqueren des Jordan, dass er mitgeht und auch im gelobten Land dem Volk die Treue hält.
Seither ist viel Wasser den Jordan herunter geflossen. Alles fließt ...

Über den Spiegel wird ein blaues Chiffontuch so gelegt, dass es aussieht wie ein Fluss.

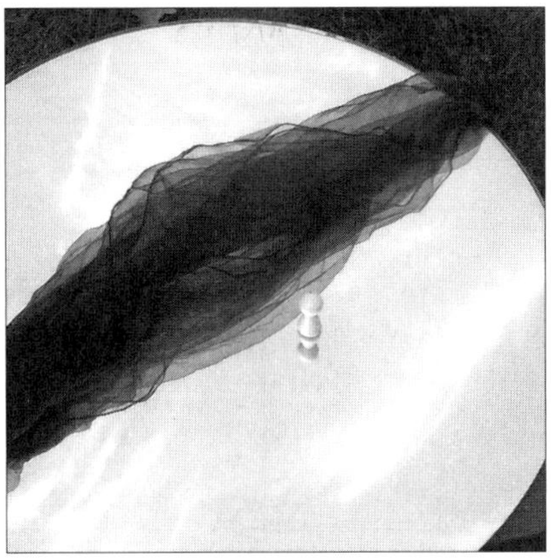

Am Jordan ist Johannes der Täufer. Er lebt in Armut und Einsamkeit, ruft zur Umkehr und tauft mit Wasser. Das Wasser wäscht rein, es säubert und erfrischt. Viele Menschen lassen sich von ihm taufen.

Eine Kegelfigur wird an den Jordan gestellt.

Eines Tages, ist Jesus unterwegs in Galiläa und kommt an den Fluss Jordan zu Johannes. Auch er will sich von Johannes taufen lassen.

Eine weitere Kegelfigur wird aufgestellt.

Johannes weiß, dass Jesus der Sohn Gottes ist und wehrt sich: »Das geht nicht, Jesus. Ich bin es nicht wert, dich zu taufen.« Doch Jesus besteht darauf. Beide gehen in den Fluss. Johannes tauft Jesus, er taucht unter und wieder auf.

Beide Kegelfiguren stehen auf dem blauen Tuch,

▷ ***Hinweis:*** *Unter freiem Himmel kann der Wind wie der Geist Gottes wehen, wo er will. Nicht immer schenkt er den Eindruck von wirklichem Untertauchen und wieder Auftauchen, aber so war es mit einem Seidentuch durch einen Windstoß geschehen.*

Dann geschieht etwas Wunderbares. Jesus sieht den Geist Gottes wie eine Taube herabschweben.

Eine weiße Feder wird über die Mitte gehalten. Jedes Kind bekommt eine schöne weiße Feder, die man in die geöffneten Kinderhände – als Schälchen geformt vor dem Körper – runterschweben lassen kann, man muss sie auffangen und Acht geben. Möglich ist auch, die Hände der Kinder mit der Feder leicht und vorsichtig zu streicheln, bevor man sie überreicht. Dazu wird bei jedem Kind gesagt: »Du bist mein geliebtes Kind, ich freu mich über dich.«

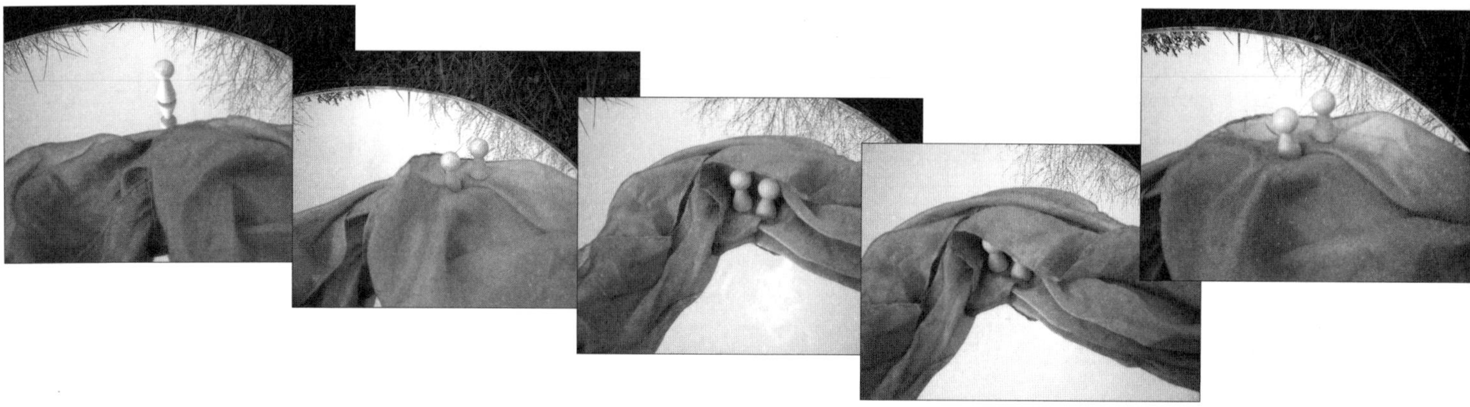

Eine Stimme vom Himmel spricht voller Liebe und Zärtlichkeit. Die Stimme vom Himmel sagte zu Jesus nach der Taufe: »Du bist mein geliebter Sohn, an dir habe ich Wohlgefallen!«

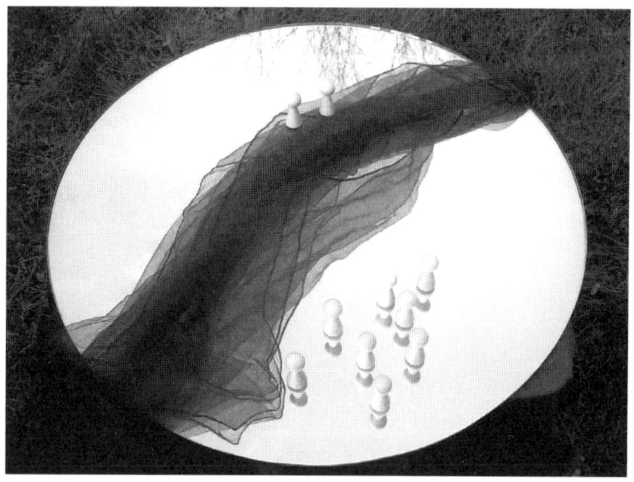

Nach Jesus sind noch viele Menschen getauft worden, und viele werden noch folgen. Durch die Taufe sind wir Gottes geliebte Kinder und heißen Christen. Die Taufe wäscht uns rein von Schuld und wir werden leben, wenn wir gestorben sind.

Die Taufe ist wie eine Art Rettungsring.

Rettungsring in den Fluss legen (Abb. unten).

Die Taufe gib Halt und Geborgenheit ein für alle Mal und in Ewigkeit. Die Rettungsringe liegen wie eine Brücke über dem Fluss. Durch die Taufe gelangen wir vom diesseitigen Ufer des Lebens ins Jenseits. Dort erwartet uns die Zukunft mit Gott.

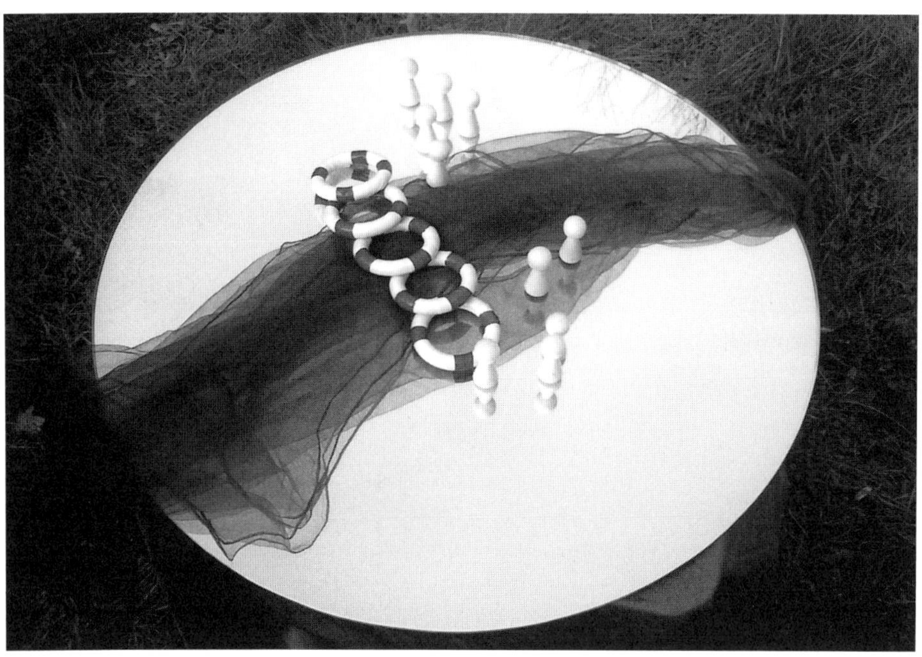

Liturgische Elemente

Votum und Gruß

Litturg/in: Im Namen Gottes, der Himmel und Erde,
Land und Wasser und alles schuf.
Im Namen Jesu, auf seinen Namen wird getauft,
er ist der Weg, die Wahrheit und das Leben.
Im Namen des Geistes, der uns in der Taufe
zugesprochen wird und uns Gemeinschaft schenkt.
Im Namen des Vaters und des Sohnes und des
Heiligen Geistes.

Alle: Amen.

Liturg/in: Unsere Hilfe kommt von Gott, ...

Alle: ... der Himmel und Erde gemacht hat.

Liturg/in: Friede sei mit euch.

Alle: Und mit deinem Geist.

Psalmen

Psalm 130 spricht von der Bewegung, durch Gott aus der Tiefe herausgezogen zu werden: Aus der Tiefe rufe ich zu dir.
Es gibt ihn in zahlreichen Vertonungen und Liedern, z.B.:
– Ich lobe meinen Gott, der aus der Tiefe mich holt (EG Regionalteile; Liedanhang zum GL 959; EH 16; LJ 560)
– Aus der Tiefe rufe ich zu dir (EG West 655; EH 195; LJ 359).

Psalm 40 singt vom geretteten Leben, dass Gott aus der Grube des Verderbens zog, aus dem tiefen Schlamm und die Füße auf festen Fels stellt. Das Heraufholen oder Herausziehen aus Not, Gefahr, Schlamm und Wasser des Verderbens entspricht der Rettung durch die Taufe. Mit diesem christlichen Hintergrund eignet sich z. B. auch Psalm 30 (Vers 4: O Herr, mein Gott, du hast meine Seele aus dem Totenreich heraufgebracht und zum Leben mich zurückgerufen aus der Schar derer, die zur Grube fahren ...) in einer übertragener Form.

Nach Psalm 30

Man beginnt beim Kehrvers jeweils in der Hocke und richtet sich langsam auf, streckt die Arme in die Höhe und stellt sich auf die Zehenspitzen. Bei »... ich danke dir« und den Versen des Psalms selbst können die Arme vor der Brust verschränkt, oder die Hände zum Gebet gefaltet werden.

Mein Gott, du hebst mich aus der Tiefe und ziehst mich zu dir.
Ich strecke mich dir entgegen und ich danke dir.

Ich will dich loben, mein Gott,
denn du hast mich errettet.
Du hast es nicht zugelassen,
dass meine Feinde mich überwältigen.

Mein Gott, du hebst mich aus der Tiefe und ziehst mich zu dir.
Ich strecke mich dir entgegen und ich danke dir.

Ich schrie zu dir, und du hast mich gehört.
Ich rief dich an in meiner Todesnot,
und du hast mich gerettet.

Mein Gott, du hebst mich aus der Tiefe und ziehst mich zu dir.
Ich strecke mich dir entgegen und ich danke dir.

Gott, du bist mir nah.
Du stelltest meine Füße auf festen Grund.

Du bist der Boden unter meinen Füßen.
Ich möchte deine Treue verkünden
und von deiner Hilfe erzählen.

Mein Gott, du hebst mich aus der Tiefe und ziehst mich zu dir.
Ich strecke mich dir entgegen und ich danke dir.

Du hast meine Klagerufe in Gesang verwandelt,
du hast mein Trauerkleid gelöst und mich mit Freude gekleidet.
Meine Seele jubelt dir zu und schweigt nicht.

Mein Gott, du hebst mich aus der Tiefe und ziehst mich zu dir.
Ich strecke mich dir entgegen und ich danke dir.
Amen.

Glaubensbekenntnis

Ich glaube an Gott, der alles schuf, der alles rettet und alles bewahrt.
Ich glaube an Jesus Christus, Gottes Sohn,
der alles erlitt, um alles zu heilen.
Ich glaube, dass er Wasser des Lebens hat, uns zu reinigen,
unseren Durst zu stillen,
uns durch die Taufe aus der Flut der Schuld zu ziehen,
hin zum Ewigen Leben in Fülle.
Ich glaube an den Heiligen Geist, der uns hilft zu glauben
an Gottes Kraft, an Frieden und Gerechtigkeit,
an die Bewahrung der Schöpfung
und Ewiges Leben für alle. Amen.

Fürbitte

Vor jeder Fürbitte wird Wasser in die Taufschale (oder eine Glasschüssel) gegossen. Stattdessen kann auch ein Glastropfen um den Spiegel abgelgt werden (dann siehe Text in Klammer).

Lieber Gott,
dieses Wasser fließt für alle
(oder: dieser Tropfen steht für alle),
denen Essen und Trinken fehlt,
deren Leben durch Wüste und Trockenheit in Gefahr ist.
Dieses Wasser fließt für alle
(oder: dieser Tropfen steht für alle),
die es nach Recht und Gerechtigkeit dürstet.
Dieses Wasser fließt für alle
(oder: dieser Tropfen steht für alle),
die unterwegs sind mit dir und zu dir,
lass ihren Glauben wachsen, dass du für sie sorgst.
Dieses Wasser fließt für alle
(oder: dieser Tropfen steht für alle),
die du auf ihrem Lebensweg mit Menschen beschenkst.
Wir bitten dich für alle Kinder in der Welt, die du ins Leben rufst,
getaufte und ungetaufte.
Dieses Wasser fließt für alle
(oder: dieser Tropfen steht für alle),
die sich nach dir sehnen,
schenk ihnen das Glück, dir zu begegnen. Amen.

Musik und Bewegung

Lieder
– Nun schreib ins Buch des Lebens (DS 299; EG 207)
– Wasser vom Himmel (EH 117; MKL 2,113)

Varianten / Ideen zur Weiterführung und Vertiefung

Position beziehen

Mit einem bunten Glasnugget können die Kinder sich überlegen, wo sie sich in dieser Geschichte positionieren und dazu erzählen:
– Ich lege den roten Glasstein in den Fluss, weil ...
– Ich lege den blauen Glasstein in die Nähe Jesu, weil ...

Bildbetrachtung

Das Bild von den Kindern beschreiben lassen.

Privatbesitz: Kerstin Othmer-Haake

Auf diesem Bild ist ein Fluss zu sehen. Es gibt Bäume, Büsche und ein Boot. Jemand sitzt allein in diesem Boot und scheint von einem Ufer zum anderen zu fahren.
Wenn wir in einer Redensart davon sprechen, dass jemand über den Jordan gegangen ist, dann heißt das, er ist gestorben.
Auf diesem Bild geht die Sonne auf. Wir Christen glauben, dass wir als Getaufte mit dem Tod über den Jordan ins gelobte Land des Ewigen Lebens gehen.

Lied: Herr, deine Liebe ist wie Gras und Ufer (EG Regionalteile; LJ 550; MKL 1,76)

Die Kinder werden ermuntert, für das Bild einen Titel zu finden. Manche spielen gern, vielleicht die Rolle eines Versteigerers (Auktionator bei Sotheby's), der das Bild aufgrund seiner »Einmaligkeit« anpreist und versteigern will.

Kerstin Othmer-Haake

Sorgt euch nicht

Matthäus 6,25–43

Zum Text

Die Bergpredigt, aus der dieser Text genommen ist, spielt im Matthäusevangelium eine zentrale Rolle. Wie Mose auf dem Berg die Zehn Gebote empfangen hat, so lässt der Evangelist Matthäus Jesus vom Berg aus die neuen »Regeln« des Reiches Gottes verkünden.
Dahinter steht das Gottesbild Jesu: wie ein Vater kümmert er sich fürsorglich und liebend um seine Geschöpfe. Er weiß, was wir brauchen, er will, dass unser Leben gelingt und dass unser Miteinander von dieser einmaligen Beziehung Gottes zu uns geprägt ist.
Deshalb brauchen wir nicht um alles zu kämpfen, noch müssen wir befürchten, im Leben zu kurz kommen. Sicher darf man auch Vorsorge treffen, aber wir brauchen uns davon nicht restlos bestimmen zu lassen.
Unsere Zukunft liegt in Gottes Hand. Wir können aus dem Vertrauen leben, dass uns das Notwendige geschenkt wird. Gott gibt reichlich, wenn wir uns beschenken lassen.
Menschen jeden Alters machen sich Sorgen.
Auch die Sorgen eines kleinen Menschen dürfen nicht belächelt, sondern müssen ernstgenommen werden, denn sie belasten sein Denken und Fühlen genauso wie einen Erwachsenen.
Für die Kinder ist es wichtig zu erfahren, dass Gott all ihre Sorgen und Probleme kennt und dass diese ihm wichtig sind, egal, was die Erwachsenen sagen.
So wie Gott Pflanzen und Tiere mit dem Lebensnotwendigen versorgt, so hilft er auch uns, unseren Alltag zu bewältigen.
Dies wird besonders eindrücklich, wenn wir uns vor Augen führen, wie vielfältig Gott seine Schöpfung geschaffen hat.

Materialien

- Ein schwarzes Tuch
- zwei blaue Tücher
- zwei grüne Tücher
- Kieselsteine
- Zettel und Stifte
- Samenkörner (z.B. Sonnenblumenkerne oder Dinkelkörner)
- eine Schale mit Wasser
- Gras (-halme) z.B. aus grünem Tonpapier oder grünem Bast
- eine Uhr (gemalt oder echt)
- Zettel mit Kleidungs- und Schuhmarkennamen
- ein Zettel mit der Aufschrift »Gott sorgt für euch!«
- Bilder, Fotos, Zeichnungen von verschiedenen Vögeln,
- Bilder, Fotos, Zeichnungen von unterschiedlichen Blumen
- Keramikkranz (s. »Zur Hinführung oder Vertiefung« Seite 54)
- bunte Federn (s. »Zur Hinführung oder Vertiefung« Seite 54)

Zur Erzählung

Wer hat, kann zur Einstimmung eine CD mit Naturgeräuschen (z.B. mit Vogelstimmen) einspielen.
Es wäre gut, wenn sich einige Mitarbeitende im Vorfeld über verschiedene Vogelarten und deren Lebensgewohnheiten sowie über die Lebensräume möglichst unterschiedlicher Blumen informierten.
Schön wäre es, wenn die Zettel für weitere Vogelarten den Umriss eines Vogels hätten (oder wenn auf ihnen der Umriss eines Vogels gemalt wäre).
Auch sollte man sich bei (eigenen) Kindern (oder z.B. bei Konfirmanden) vorher Tipps holen, welche Turnschuh- und Kleidungsmarken zur Zeit »angesagt« sind.
Im Idealfall wird die Erzählung von mindestens zwei Mitarbeitenden gestaltet: eine erzählt den übertragenen Bibeltext, einer die Auslegung unter Einbeziehung der Kinder.

Erzählung mit Bodenbild

Die Kinder sitzen im Stuhlkreis. In der Mitte liegt auf der rechten Seite ein schwarzes Tuch. In einem Korb liegen Steine.

Jedes Kind nimmt sich bitte einen Stein. Jetzt gebt den Stein bitte eurem rechten Nachbarn, eurer rechten Nachbarin weiter mit den Worten: »Dieser Stein ist für dich. Halte ihn fest in der Hand.«

Die Kinder müssen darauf achten, dass jede und jeder einen Stein bekommt.

Schaut euch euren Stein ganz genau an. Was hat er für eine Farbe? Was hat er für eine Form? Wie schwer liegt er in eurer Hand? –
Nun überlegt, was euch schwer fällt in eurem Leben: Was macht euch Sorgen, wovor habt ihr Angst?

Die Kinder müssen nichts sagen, können aber gerne spontan antworten.

Nicht nur ihr habt Sorgen und Ängste. Alle Menschen haben das, mal mehr mal weniger, ihr Kinder genauso wie die Erwachsenen.
Wenn wir Sorgen und Ängste haben, dann fühlen wir uns eingeschrängt. Wir müssen immer wieder an unsere Sorgen denken. Ängste können uns so bedrücken, dass uns das Herz weh tut.
Manchmal können wir nicht mehr klar denken. Wir haben das Gefühl, unsere Sorgen und Ängste liegen wie ein dicker kalter Stein auf uns und lähmen uns.

Umschließt den Stein fest in eurer Hand. Ganz fest. Drückt alle Sorgen und Ängste, die ihr habt, in euren Stein. –
Noch ist er kalt. Aber ganz langsam wird er warm und wärmer. Könnt ihr das spüren? –
Nun legt den Stein auf das Tuch. Legt mit ihm all das ab, was euch Sorgen macht, legt alles ab, was euch Angst macht.

(Die Kinder legen ihre Steine auf das schwarze Tuch.)

Ich möchte euch jetzt erzählen, was Jesus uns über das Sorgen gesagt hat. Viele Menschen waren auf einem Berg zusammen gekommen, um ihn zu hören. Deshalb nennen wir heute diese Rede auch Bergpredigt.
Als Jesus die vielen Menschen sah, sagte er:

»Ihr macht euch so viele unnötige Sorgen und Gedanken.
Warum ist es für euch so bedeutend, was ihr anzieht?
Warum achtet ihr genau darauf, was die anderen anhaben?
Warum ist es für euch wichtig, was ihr esst und was ihr trinkt?
Ich sage euch: Macht euch nicht so viele Gedanken darüber. Sorgt nicht um euer Leben, was ihr essen und trinken werdet; auch nicht um euren Leib, was ihr anziehen werdet. Ist nicht das Leben mehr als die Nahrung und der Leib mehr als die Kleidung?

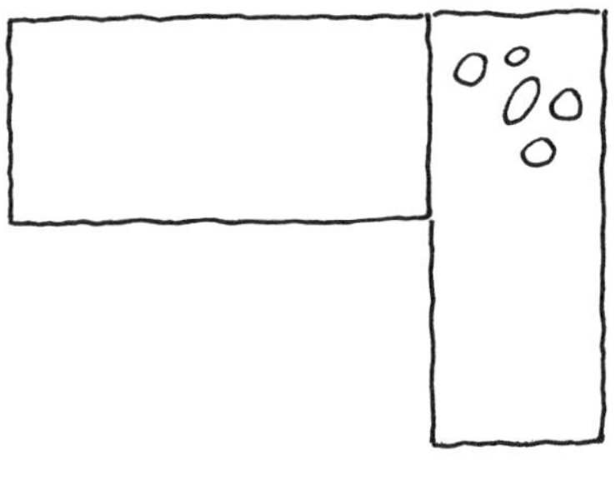

Schaut in den Himmel.

Blaues Tuch hinlegen.

Seht euch die Vögel an.«

Bilder, Fotos, Zeichnungen von verschiedenen Vögeln auf das blaue Tuch legen.

Wisst ihr, was das für Vögel sind?

Die Kinder benennen Vogelarten.

Kennt ihr noch andere Vögel?

Weitere Vogelarten auf vorbereitete Zettel schreiben und dazu legen.

Was wisst ihr über diese Vögel: Wie leben sie? Was fressen sie? Könnt ihr verschiedene Vogelstimmen nachmachen?

Jesus hat die Beobachtungen, die wir bei Vögeln machen können, aufgegriffen und gesagt:
»Die Vögel säen keine Saat aus. Sie sorgen sich nicht um die Pflanzen, sie ernten nicht, sie lagern ihre Körner nicht in Scheunen …

Währenddessen ein grünes Tuch darunter legen

… und euer himmlischer Vater ernährt sie doch.

Körner (z.B. Sonnenblumenkerne, Dinkelkörner) auf das grüne Tuch streuen, eventuell eine Schale mit Wasser dazustellen.

Seid ihr denn nicht viel mehr als sie?
Keiner von euch kann sein Leben verlängern, indem er sich darum Sorgen macht.
Warum also sorgt ihr euch um die Kleidung?

Zettel mit Markennamen auf das schwarze Tuch legen.

Schaut die Lilien auf dem Feld und die vielen anderen Blumen an, wie sie wachsen: sie arbeiten nicht, sie spinnen nicht.«

Bilder, Fotos, Zeichnungen von Blumen, sowie Gras (-halme) aus grünem Tonpapier oder Bast auf das grüne Tuch legen

Was wisst ihr über diese Pflanzen und Blumen? Was brauchen sie, um wachsen und gedeihen zu können?

Jesus fuhr mit seiner Rede fort:
»Selbst König Salomo mit seinem ganzen Prunk war nicht so schön gekleidet wie diese Blumen.
Wenn nun Gott das Gras auf dem Feld so schön kleidet, obwohl es gar nicht lange lebt, um wie viel mehr wird er sich um euch kümmern?
Darum sollt ihr euch keine unnötigen Sorgen machen und sagen: Was werden wir essen? Was werden wir trinken? Womit werden wir uns kleiden?
Sorgt euch nicht um morgen, denn der morgige Tag wird für das Seine sorgen. Es ist genug, dass jeder Tag seine eigenen Probleme hat.

Eine große gemalte (oder eine echte) Uhr auf das schwarze Tuch legen.

Gott weiß genau, was ihr zum Leben braucht. Er nimmt sich eurer Sorgen an.

Ein grünes und ein blaues Tuch über das schwarze Tuch legen. Darauf den Zettel mit der Aufschrift »Gott sorgt für euch!« legen.

Deshalb haltet euch an Gott und lebt nach seinem Willen, dann wird er für euch sorgen.«

Liturgische Elemente

Eröffnung

Im Namen Gottes, der die Welt so schön geschaffen hat,
im Namen Jesu Christi, der uns unsere Sorgen nehmen will,
im Namen des Heiligen Geistes, der uns hilfreich zur Seite steht. Amen.

Nach Psalm 8

Wer mag, kann das Psalmgebet als Bodenbild gestalten mit einem großen blauen Tuch, Sonne, Mond und Sternen (aus gelbem Tonpapier), Menschen und Tieren (Holzkegelfiguren o.ä.).

Liturg/in: Gott, wenn wir hoch in den Himmel schauen,
Alle: dann können wir deine Herrlichkeit sehen.

Eine: Was wir Kinder reden, ist für dich wichtig, Gott.
Du hörst uns zu und achtest auf uns.

Liturg/in: Gott, wenn wir hoch in den Himmel schauen,
Alle: dann können wir deine Herrlichkeit sehen.

Eine: Wenn ich mir den Himmel ansehe,
die Sonne, den Mond und die Sterne,
dann kann ich kaum verstehen,
dass auch wir Menschen dir wichtig sind.

Liturg/in: Gott, wenn wir hoch in den Himmel schauen,
Alle: dann können wir deine Herrlichkeit sehen.

Eine: Gott, du hast uns wunderbar gemacht.
Du hast uns Augen gegeben, um zu sehen,
du hast uns Ohren gegeben, um zu hören,
du hast uns Hände gegeben, um zu fühlen,
und einen klaren Verstand, um viele Dinge zu begreifen.

Liturg/in: Gott, wenn wir hoch in den Himmel schauen,
Alle: dann können wir deine Herrlichkeit sehen.

Eine: Du möchtest, dass wir uns um deine Geschöpfe kümmern,
um die Tiere auf den Weiden,
um die wilden Tiere in der Wüste und im Dschungel,
um die Vögel am Himmel und die Fische im Meer.

Liturg/in: Gott, wenn wir hoch in den Himmel schauen,
Alle: dann können wir deine Herrlichkeit sehen.

Lieder

- Erfreue dich, Himmel, erfreue dich, Erde (GL 259)
- Gehet nicht auf in den Sorgen dieser Welt (EH 250)
- Himmels Au, licht und blau (DS 253; EG 507; LJ 299)
- Selig seid ihr, wenn ihr einfach lebt (EG Regionalteile; EH 85; KG 127; LJ 608; MKL 1,96; SL 210)
- Weißt du, wieviel Sternlein stehen (EG 511; KG 19; LJ 305)
- Wir pflügen und wir streuen (EG 508; LJ 300; MKL 1,62)

Fürbittengebet

Ein Blumentopf mit Erde steht in der Mitte. Während der einzelnen Bitten werden Samenkörner in die Erde gedrückt.

Gott, wir bringen unsere Wünsche vor dich.
Hilf, dass sie Wurzeln schlagen und wachsen.

- Lass uns bescheidener werden.
- Hilf uns, dass wir nicht so oft auf Äußerlichkeiten achten.
- Schenke uns das Vertrauen, dass du für uns sorgst in allen Situationen unseres Lebens.
- Lass uns auch die Menschen achten, die anders aussehen als wir.
- Hilf uns, die Natur zu schützen und zu bewahren.

Gott, schenke uns deine Nähe. Amen.

Segen

Gott, dein Segen wärme uns wie die Sonne,
er erfrische uns wie das Wasser,
er umhülle uns wie ein warmer Mantel,
er stärke uns und schütze uns.
Amen.

Zur Hinführung oder Vertiefung

Für die Großen:
Die Kinder gestalten vor der Erzählung eine große Sorgenuhr aus Pappe:

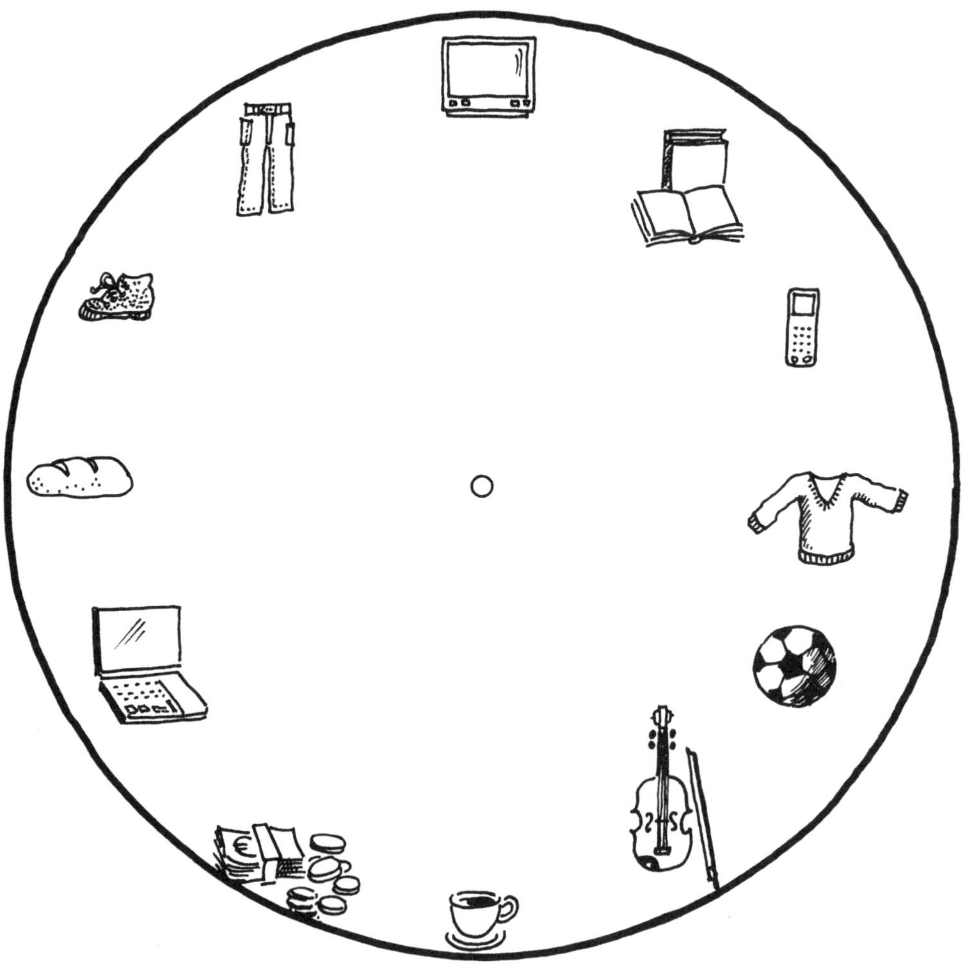

Statt der Ziffern malen sie Gegenstände und Dinge, die ihr tägliches Leben bestimmen: Buch, Hose, Hemd, Tasse, Geld, Brot, Fernseher, Computer, Handy, Fußball, Musikinstrument, Turnschuhe ...

Oder: Sie schneiden Symbole für diese Dinge aus Tonpapier aus und legen sie um einen Keramikkranz. Im Anschluss an die Erzählung wird der Kranz mit Gräsern und Blumen geschmückt.

Für die Jüngeren:

In der Mitte liegen unterschiedliche Playmobilfiguren: Es folgt ein Gespräch darüber, worüber sich einzelne Menschen Sorgen machen: Der Feuerwehrmann, die Mutter, der Müllmann, die Ärztin ...

Die Kinder gestalten aus bunten Federn einen »Ich – mach – mir – keine – Sorgen – Vogel«.

Die Kinder bekommen ein grünes Tuch (oder eine Filzplatte oder einen halben grünen Tonkarton) und gestalten mit Legematerialien wie Glasnuggets und grünen Pfeifenreinigern ihre eigene Blumenwiese.

Die Kinder pflanzen Blumenzwiebeln in einen Blumenkasten.

Die Kinder legen gemeinsam auf dem Boden eine große Blume aus Naturmaterialien.

Bastelanleitungen für Blütenkarten und Blumen aus Eierkartons finden sich in: Brigitte Messerschmidt/Dieter Witt (Hrsg.), Wie ein Netz voller Fische. Ein bunter Kreativmarkt mit Vorschlägen zum Basteln, Gestalten und Erzählen, Reihe »Materialien zur Gemeindearbeit«, Verlag Junge Gemeinde, Verlag Katholisches Bibelwerk 2003

Die Kinder besuchen eine Gärtnerei oder machen einen Ausflug in einen Vogelpark.

Birgitt Johanning

Die Heilung eines Blinden

Markus 10,46–52

Zum Text

Die Heilung des blinden Bartimäus ist eine der beliebtesten biblischen Geschichten, die Kindern im Gottesdienst und Religionsunterricht der Grundschule erzählt werden. Die eindrücklichen Bilder von Kees de Kort hat wohl jeder vor Augen, wenn er diese Geschichte erzählen soll.
Im Gegensatz zu den parallelen Erzählungen bei Matthäus und Lukas hat der Blinde hier einen Namen, Bartimäus. Bei Matthäus sind es gleich zwei Blinde, die von Jesus geheilt werden.
Eine besondere Stellung hat dagegen die Heilung des Blindgeborenen im Johannesevangelium (Kapitel 9). Es geht dort eigentlich nur noch am Rande um eine Wunderheilung. Für Johannes geht es um die Frage des Sehens mit den Augen des Glaubens.
In unserem Text ist vor allem die Nachfolge das Thema. Bartimäus möchte zu Jesus gehören, deshalb folgt er ihm nach seiner Heilung.
Doch auch in unserem Text ist vom Glauben die Rede. Nicht das wunderbare Tun Jesu bewirkt die Heilung, sondern der Glaube des Bartimäus. Dieser zeigt sich zum einen in seinem Vertrauen auf Jesus. Als er hört, dass es Jesus ist, gibt es für ihn kein Halten mehr. Er ruft laut zu ihm und lässt sich durch niemanden davon abbringen. Er weiß genau, dass das seine Lebenschance ist, die er nicht verpassen will.
Als Jesus ihn ruft und die, die ihn vorher abhalten wollten, ihn nun ermutigen, wirft er seinen Mantel weg und läuft auf Jesus zu.

Zur Methode

Diese Heilungsgeschichte wird hier mit der Methode des »Schauenden Erzählens« entfaltet, die 2002 von Susanne von Braunmühl vorgestellt wurde. Sie ist Dozentin am Pädagogisch-Theologischen Institut Hamburg. In der Zeitschrift Grundschule Religion (Heft 1, 2002, S. 6-8) veröffentlichte sie ein Modell für das Erzählen einer Nikolauslegende mit dieser Methode.
Beim »Schauenden Erzählen« sitzen die Kinder idealerweise in einem Kreis auf Stühlen oder auf dem Boden. In der Kreismitte wird während des Erzählens der Gang der Geschichte durch einige symbolische Gegenstände veranschaulicht. Es entsteht ein Bild, mit dessen Hilfe sich die Kinder die Geschichte gut einprägen können. Das Bild ist so elementar, dass es die Phantasie der Zuhörenden nicht bestimmt. Es bleibt genug Raum für die eigenen inneren Bilder. »Schauendes Erzählen« ist sowohl geeignet für Gottesdienste als auch für andere Veranstaltungen mit Kindern in Gemeinde und Schule.
Im Folgenden wird dargestellt, wie die Bartimäus-Geschichte mit dieser Erzählmethode präsentiert werden kann.

Material

- ein braunes Baumwolltuch (ca. 80 x 80 cm) als Stadt
- ein grauer Stoffstreifen (ca. 25 cm lang, 3 cm breit) als Augenbinde
- ein flaches Schälchen (Durchmesser ca. 5 cm, etwa ein Blumentopfuntersetzer aus Ton) als Bettelschale
- ein ziemlich eckiger Stein als Platz des Bartimäus an einer Mauer in der Stadt
- eine Holzkegelfigur als Jesus
- eine kleine gelbe Kerze (und Streichhölzer) als Symbol für das »Wieder-sehen-können«
- drei rote Schnüre (ca. 20 cm lang, z.B. Bindfaden oder dicke Wolle) als »roter Faden« der Geschichte
- ein schöner Karton mit Deckel zum Aufbewahren und Transportieren des Materials
- ein Säckchen mit kleinen Halbedelsteinen für das anschließende »Verorten« der Kinder im Bild

Die Erzählung

Die Leiterin erzählt die Geschichte frei und legt dabei nacheinander die symbolischen Gegenstände auf das ausgebreitete Tuch (Wenn zwei Gruppenleiterinnen da sind, kann eine erzählen und die andere legen – das muss dann allerdings vorher geübt werden!).

- Da die Augenbinde erfahrungsgemäß nicht von allen Kindern als Symbol für Blindsein erkannt wird, sollte die Leiterin zunächst den Stoffstreifen als Binde vor die eigenen Augen halten und danach erst hinlegen.
- Die gelbe Kerze wird am Schluss der Geschichte angezündet: (Kerze hinstellen) »Da kann Bartimäus ... « – Pause! – (anzünden) »sehen!«
- Der erste rote Faden symbolisiert die »lange Zeit«. Der zweite wird hingelegt, wenn Bartimäus aufspringt und zu Jesus läuft. Er soll die Verbindung zwischen beiden sichtbar machen. Der dritte Faden stellt das Gespräch zwischen Jesus und Bartimäus dar.

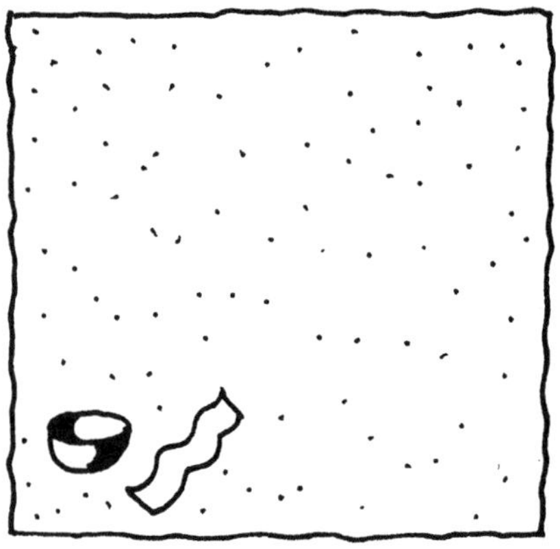

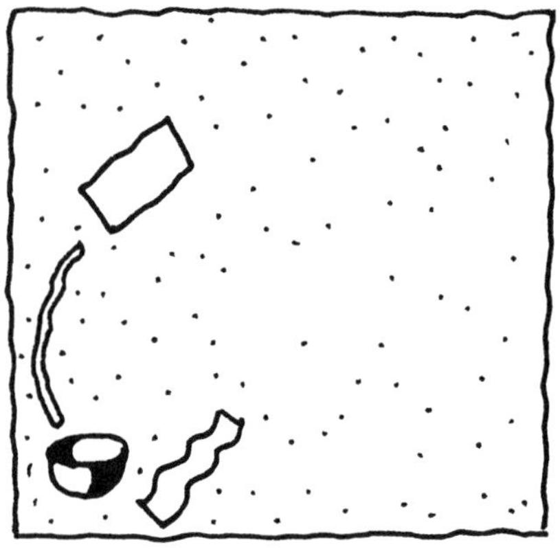

Vorschlag zum Erzählen und Legen

In der Stadt Jericho lebte ein Mann. Die Leute nannten ihn Bartimäus.

Braunes Tuch ausbreiten.

Bartimäus war blind, er konnte nicht sehen.

Augenbinde zeigen und hinlegen.

Bartimäus hatte keine Arbeit. Darum bettelte er.
Jeden Tag setzte er sich an eine Mauer in der Stadt und stellte eine Bettelschale vor sich hin.

Schale hinstellen.

Hier war immer viel los. Viele Menschen kamen vorbei. Jedes Mal, wenn Bartimäus hörte, dass jemand kam, rief er: »Gebt mir eine kleine Spende! Ich bin blind. Bitte helft mir!«
Manche Menschen warfen dann ein Geldstück in die Schale. Aber viele gingen auch vorbei. Wenn es Abend war, hatte Bartimäus nie viel Geld bekommen.
So ging es eine lange Zeit.

Roten Faden hinlegen.

Aber eines Tages geschah etwas.
Bartimäus sitzt an seinem Platz an der Mauer und bettelt.

Stein hinlegen.

Irgendetwas ist anders als sonst, das spürt er. Viele Menschen laufen an ihm vorbei. Keiner bleibt stehen. Keiner gibt ihm eine Spende. Alle haben es eilig.
Bartimäus hört ihre Stimmen. Sie klingen aufgeregt. Dann hört er, wie jemand sagt. »Jesus ist in der Stadt, Jesus, der Mann aus Nazaret. Die Leute sagen, er kommt von Gott. Gleich kommt er. Er muss durch diese Straße gehen.«
Da geschieht etwas mit Bartimäus. Plötzlich fängt er an zu schreien. Ohne zu überlegen, einfach so. »Jesus!«, ruft er, »Jesus, erbarme dich! Hilf mir doch!« So schreit er immer wieder.
»Pst!«, machen die Leute. »Bartimäus, sei doch still!« Einer sagt: »Der Blinde soll bloß den Mund halten!« Und einige rufen: »Ruhe da hinten!«
Aber Bartimäus ist nicht still. Er kann einfach nicht aufhören. Immer wieder schreit er: »Jesus, Jesus, erbarme dich! Hilf mir doch!«

Da bleibt Jesus stehen.

Jesusfigur hinstellen.

Er fragt die Leute: »Was ist da los? Wer will etwas von mir?« Jemand antwortet: »Ach, das ist bloß Bartimäus, der blinde Bettler.«
Da sagt Jesus: »Bartimäus, komm doch her!« Zuerst hört ihn Bartimäus nicht. Aber ein Mann stupst ihn an: »Steh auf, Bartimäus! Jesus ruft dich!«
Da springt Bartimäus auf und läuft zu Jesus.

Roten Faden hinlegen.

Jesus fragt ihn: »Was willst du von mir?« Der Blinde sagt: »Herr, hilf mir, dass ich wieder sehen kann!«

Roten Faden hinlegen.

Jesus sagt: »Du hast Vertrauen zu mir. Deine Augen sind geöffnet.«

Kerze hinstellen.

Da kann Bartimäus sehen.

Kerze anzünden.

Es ist nicht mehr dunkel bei ihm. Er ist nicht mehr traurig. Er hat keine Angst mehr. Bartimäus weiß: Jesus ist mein Freund.

»Verorten«

Nach dem Erzählen erhalten alle Kinder einen kleinen Halbedelstein, etwa mit dem Auftrag: »Leg deinen Stein in das Bild, dahin, wo du etwas schön findest an der Geschichte!« So können die Kinder markieren, was sie an der Geschichte beeindruckt hat.
Bereits 7-Jährige erfüllen diesen Auftrag ganz individuell. Lina legte ihren Stein an die Bettelschale des Bartimäus: »Wie welche ihm Geld gegeben haben.« Hans legt ihn neben die Jesusfigur: »Dass der gesagt hat, komm her!«, und Anne zur Kerze: »Wie der blinde Mann wieder sehen kann!«
Die Steine sind Platzhalter für uns, die wir diese Erzählung erlebt haben: Mit ihnen stellen wir uns in die Geschichte hinein.
An das Verorten kann sich ein weiterführendes Gespräch anschließen.
Anstelle von Halbedelsteinen sind auch kleine Natursteine geeignet, wie man sie bei Strandspaziergängen findet. Wichtig ist, dass die Steine unterschiedlich sind, damit jedes Kind den eigenen Stein später wieder erkennen kann, und dass sie sich angenehm anfühlen (nicht rau oder scharfkantig).

Susanne Drewniok

Die Heilung der gekrümmten Frau

Lukas 13,10–17

Zum Text

Eine in sich verkrümmte, seit 18 Jahren leidende Frau wird durch Jesus zum aufrechten Gang befreit. Er schaut sie an, ruft sie zu sich und berührt sie.
Durch seinen Zuspruch und die liebende Berührung vermag sie sich aufzurichten. Sie kann ihren Blick heben. Sie kann sich sehen lassen und all die wunderbaren Dinge sehen, die ihr durch die Verkrümmung so lange verborgen geblieben waren. Sie ist frei.
Indem er die Frau anspricht und aufrichtet, gibt er ihr die Würde zurück und ermutigt sie, zu sich zu stehen und an sich zu glauben.
Dieses befreiende Handeln steht nicht im Widerspruch zum religiösen Handeln, zum Sabbatgebot, sondern es ist Gottes Dienst (Gottesdienst) am Menschen (vgl. Lukas 4,18-21).

Materialien

- Die Figur der Frau und des Jesus vorbereiten (s. Anleitung und Schnittmuster Seite 64)
- ein großes Tuch (oder mehrere kleine Tücher) als Synagoge in freundlicher Farbe
- ein grauschwarzes Stoffband (oder ein schwarzes Chiffontuch)
- ein gelbes Stoffband (oder Chiffontuch)
- eine kleine Schriftrolle (zwei Holzstäbe, an denen ein Papierband festgeklebt und aufgerollt wird)
- evtl. eine Kerze
- Legematerial 1: »Was krümmt« (Tonscherben, raue Steine, trockene Blätter, Schneckenhäuser, gebrochene Äste u.ä.)
- Legematerial 2: bunte Glassteine, frische Blüten, Federn, Edelsteine, u.ä.
- Legematerial 3: Goldkugeln, goldene Kettenstücke (Weihnachtsschmuck), Kieselsteine mit Goldlack besprüht, Streifen, Dreiecke u.ä. aus Goldkarton (glatt oder gewellt) geschnitten.

Zur Erzählung

Der gekrümmte Rücken ist ein sehr eindrucksvolles Zeichen, ebenso der aufrechte Gang. Darum wird zunächst diese Körpererfahrung in spielerischen Schritten ermöglicht.
Die Erzählung ist so angelegt, dass die doppelte Bedeutung (»Was macht krumm, was richtet auf?«) immer mitschwingt. Auch die Beteiligungen der Kinder am Entstehen des Bodenbildes sind daran orientiert.

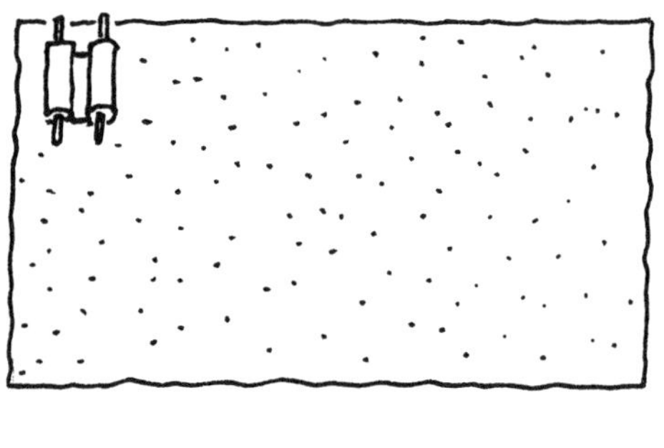

Erzählung und Bodenbild

Eine Frau, deren Rücken seit vielen Jahren so krumm war, geht am Sabbat in die Synagoge.

Das Tuch für die Synagoge legen, die Schriftrolle darauf legen, dann die gekrümmte Frau-Figur in die Handfläche legen und zeigen.

Langsam setzt die Frau Schritt vor Schritt, denn sie hat Angst zu stolpern und zu fallen. Das Aufstehen würde ihr schrecklich schwer fallen.

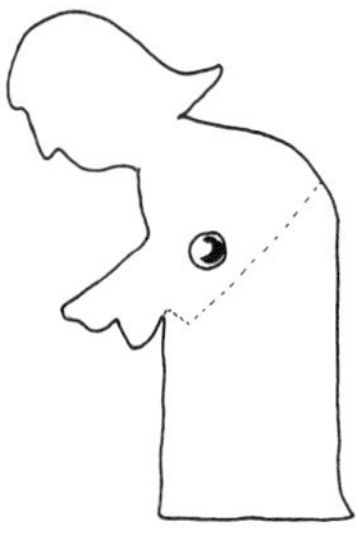

Viele andere hasten an ihr vorbei. Niemand beachtet sie. Niemand grüßt sie, obwohl sie sie doch alle kennen. Schon immer wohnt die Frau in dem Dorf. Und die Alten erinnern sich, dass sie ein schönes Mädchen war. Eine schöne Braut war sie, damals.
Aber dann – erst merkte es kaum jemand – wurde ihr Rücken immer krummer. Es war, als würde sie immer kleiner, immer unscheinbarer. Der Dorfarzt war ratlos. Keine Medizin konnte das aufhalten. Der Ehemann war

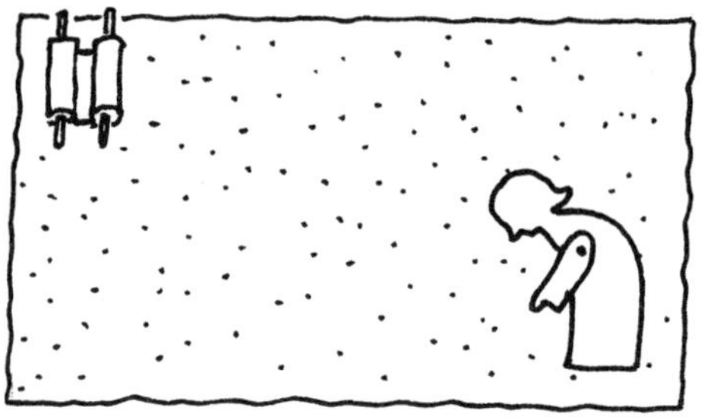

traurig. Die Nachbarn zogen sich zurück.
Was mochte sie so zusammenkrümmen?
Die Frau wurde sehr einsam. Sie ging kaum noch aus dem Haus. Wozu auch? Sie konnte immer nur den Boden direkt vor ihren Füßen sehen – keine anderen Gesichter, keine Baumkronen, keinen offenen Himmel. Wozu also hinausgehen?

Die Frau wurde sehr still. Mit wem hätte sie auch reden sollen und worüber?
Das einzige, was ihr blieb, war der Besuch des Sabbat-Gottesdienstes in der Synagoge.

Figur an den Rand der Synagoge legen.

Doch auch da beachtet sie niemand.
Gebeugt, in ein dunkles Tuch gehüllt, hockt sie in der dunkelsten Ecke des Raumes.

Das grauschwarze Stoffband oder schwarze Chiffontuch um die Frau legen.

»Ich hebe meine Augen auf zu den Bergen. Woher kommt mir Hilfe?« – singt der Kantor gerade den alten vertrauten Psalm.
»Gott, ich kann nicht einmal zu den Bergen hinaufsehen. Woher soll mir Hilfe kommen?«, denkt die Frau und seufzt tief.

Soweit noch nicht vor Beginn der Erzählung geschehen, können jetzt einige Einfühlungsübungen mit den Kindern gemacht werden (s. »Zur Hinführung oder Vertiefung« Seite 62f.).

Ihr habt ja gerade ein wenig gespürt, wie es einem Menschen geht, der so gekrümmt ist. Hier habe ich einige kleine Dinge bereitliegen. Jede und jeder von euch kann daraus ein Zeichen auswählen für etwas, was einen Menschen so traurig und krumm machen kann. Legt es dann auf das dunkle Tuch zu der Frau. Ihr müsst euer gelegtes Zeichen nicht erklären.

Auswahl »Legematerial 1« bereitstellen. Die Kinder legen um die Frau herum Zeichen ihrer Einsamkeit und ihrer Traurigkeit. Wenn alle fertig sind, wird weitererzählt.

Vorn in der Synagoge ist ein besonderer Schrank. Darin sind die Schriftrollen aufbewahrt.

Die Schriftrolle ein wenig aufrollen.

Jeder Mann in der Gemeinde kann zur Lesung gerufen werden. Heute wird der Name: »Jesus« aufgerufen.

Jesus-Figur neben die Schriftrolle legen.

Die Frau erinnert sich: Vor vielen Jahren wurde ihr Mann Jakob zur Lesung gerufen. Wie hatte sie sich damals gefreut, als seine Stimme klar und deutlich in der Synagoge klang. Aber schon lange geht er nicht mehr in den Gottesdienst. Er ist so bitter geworden. Nie hat er es gesagt, aber ihr Rücken, der sich immer mehr und unaufhaltsam krümmte, hat ihn so verbittert werden lassen. Und sie konnte doch nichts an ihrem Rücken ändern.

Mitten in ihren Erinnerungen schreckt die Frau zusammen. Was war das?
Eine freundliche Stimme klingt durch den Raum:
»Komm zu mir. Komm hierher in die Mitte!«
»Wer ist das? Wer ist gemeint? Bin ich … ?«, denkt sie.
Und dann noch einmal: »Komm zu mir, trau dich!«

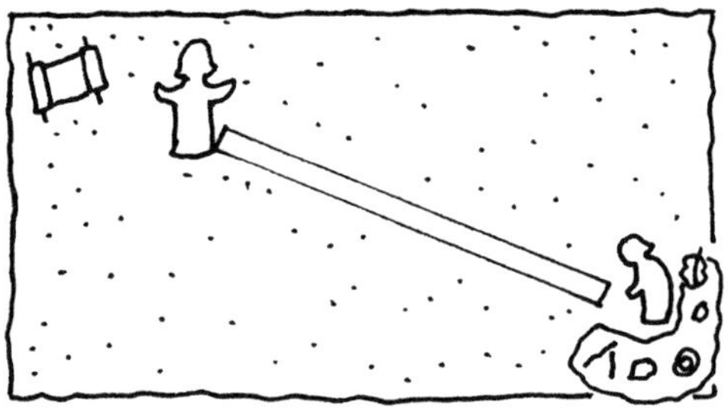

Es ist, als ob die Stimme einen Weg malt, einen Weg, auf dem sie gehen kann.

Erzähler/in legt ein gelbes Band oder Chiffontuch, das quer über die Synagoge zu der Frau reicht.

Die Frau steht auf.
Langsam geht sie auf den Mann zu, der sie gerufen hat.
Es ist, als ob die vielen bedrückenden Gedanken und Erfahrungen nach und nach auf diesem Weg liegen bleiben.

Die Frau-Figur wird zu Jesus hin bewegt. Das dunkle Tuch mit den Bedrückungs-Zeichen wird langsam an dem Weg entlang gelegt. Schließlich steht die Frau am anderen Ende des Weges und das dunkle Tuch bleibt hinter ihr.

Da steht sie mit gekrümmtem Rücken mitten vor der Gemeinde. Wie geschlagen, schmerzgekrümmt, den Blick zum Boden gerichtet. Eine Hand legt sich auf ihren gekrümmten Rücken. Eine liebevolle Hand, eine Hand voller Segen. »Frau, sei aufrecht! Sei aufrecht und frei!«, spricht jemand ihr zu.
Es ist ganz still in der Synagoge.
Langsam bewegt sich der Rücken.

Die Frau-Figur aufrichten.

Die Frau hebt den Kopf – es ist möglich!
Sie schaut in das Gesicht eines jungen Mannes –
Es ist Jesus, der Mann aus Nazaret!
Er hatte sie gesehen. Er hatte sie gerufen. Er hatte sie angerührt.
Und dann beginnt sie zu singen!
Endlich, endlich kann sie den Psalm weiter singen, den der Kantor vorhin begonnen hat:
»Meine Hilfe kommt von Gott, der Himmel und Erde gemacht hat.«

Kerze neben die Jesusfigur stellen. Die folgenden Bewegungen kann die Erzählerin/der Erzähler jeweils selbst durchführen. Zeit lassen, damit die Kinder folgen können.

Die Frau wirft die Arme in die Luft und jubelt.
Sie blickt zur Decke, und es kommt ihr vor, als schaue sie in den Himmel.
Sie schaut nach vorn und sieht die Schriftrolle.
Sie schaut Jesus an.
Sie schaut in die Gemeinde.
So schön ist es, in Menschengesichter zu blicken!

Und nun sollt ihr natürlich auch Zeichen dieser Freude zu der Frau legen. Nehmt von dem Material und legt ein Zeichen zu ihr für all das Schöne, das sie sieht und spürt und erlebt.

Aktion: »Legematerial Auswahl 2« anbieten. Kinder legen Zeichen um die Frau herum.

Aufrecht und frei steht die Frau vor der Gemeinde und ruft allen den Psalm zu:

Alle stehen auf und wiederholen jeden Satz des Psalms.

»Gott lässt deinen Fuß nicht gleiten!
Er behütet dich.
Niemals schläft er.
Der Hüter Israels schläft und schlummert nicht.
Gott behütet dich.
Wie ein schützender Schatten ist er über dir.

Tag und Nacht wird nichts dich verletzen.
Denn Gott behütet dich vor allem Übel.
Gott behütet deine Denken und Fühlen.
Gott behütet deinen Ausgang und Eingang.
Jetzt und allezeit und in Ewigkeit!«
Amen.

(Stille, denn das, was in der Synagoge passiert ist und alle gesehen und gehört haben, muss sich bei den Leuten erst einmal setzen.)

Die Menschen in der Synagoge staunen.
Einige sind aber auch verärgert:
Die Ordnung ist gestört.
Am Sabbat sollte man ruhig sein und nicht alles durcheinander bringen.
Da hören sie aber auch schon Jesus, der sagt:
»Am Sabbat soll man sich am Leben freuen und frei sein!
Darum freut euch mit der Frau, die endlich frei und aufrecht durchs Leben gehen kann.
Denn so soll es sein!«
Da kann sich niemand mehr ärgern.
Sie singen und jubeln und loben Gott.
Das ist ein wunderbarer Tag!

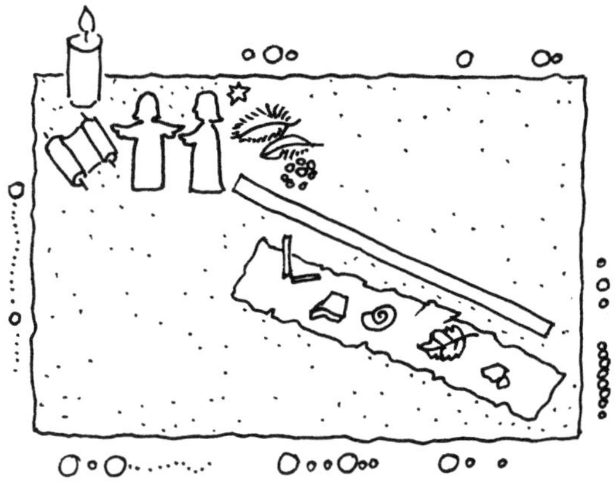

Das ganze Haus wird zu einem Festhaus. Und das strahlt aus! Darum legen wir nun gemeinsam einen goldenen Strahlenkranz um das Haus.

(Aktion: »Legematerial Auswahl 3« anbieten. Rund um die Synagoge einen festlichen Rand aus goldenen Elementen legen.)

Das ist ein Sabbat! Ein richtiger Gottestag!

(Ein Lied mit Tanz oder Bewegung kann sich anschließen.)

Liturgische Elemente

Eingangsgebet

(Im Gebet wird angesprochen, was uns bedrückt.)

Es gibt Augenblicke, da will ich niemanden sehen.
Ich möchte mich verkriechen.
Niemand soll mich ansprechen.
Da fühle ich mich ganz komisch.
Traurig und sauer zugleich.
Gott, da brauche ich dich.
Findest du mich, wenn ich mich so fühle?

Es gibt Zeiten, da scheint alles auf mich gepackt zu werden. Da wird von mir alles zugleich erwartet:
»Sorge dafür, dass du deine Aufgaben gut machst.
Hast du an das Aufräumen gedacht?
Gleich musst du los zur Musikschule.
Du musst deinem kleinen Bruder helfen.
Kannst du dich nicht endlich mal mit deiner Schwester vertragen?«
Gott, da brauche ich dich.
Trägst du mich, wenn ich denke, dass ich nicht mehr tragen kann?

Gott, zu dir rufe ich.
Hörst du mich, auch wenn mich kein Mensch hören kann?
Gott, ich verlass mich darauf, dass du mich findest und trägst und hörst.
Gott, verlass mich nicht. Erbarme dich. Amen.

Zusage

Gott ist treu. Gott sagt:
»Ich bin der Herr, dein Gott, der deine rechte Hand fasst und zu dir spricht:
Fürchte dich nicht. Ich helfe dir.« Amen. *(Jesaja 41,13)*
Darauf können wir uns verlassen.

Schlussgebet mit Fürbitte

Gott, das ist so schön, dass wir singen und tanzen und springen können!
Jeden Tag danken wir dir für alles, was uns möglich ist.

Wenn uns Kinder begegnen, die nicht lachen und tanzen mögen,
dann hilf uns, dass wir merken, was los ist.
Gott, schenke allen, die dich brauchen, deine Liebe.
Lass sie deine gute Hand spüren, damit sie aufrecht und frei leben können.
Amen.

Zur Hinführung oder Vertiefung

Ziel der folgenden Hinführung ist es, einen kleinen Eindruck davon zu bekommen, wie ein Mensch mit krummem Rücken die Welt erlebt. Die Aktionen können mit Kindern verschiedenen Alters gemeinsam vorgenommen werden, wenn die Atmosphäre dies erlaubt.
Ansonsten empfiehlt sich eine Aufteilung in jüngere und ältere Kinder.

Bewegen im Raum

Spielregel
Alle laufen fröhlich im Raum umher, bis ein verabredetes Signal ertönt. Bei diesem Signal bleiben alle stehen, hören die neuen Anweisungen und bewegen sich dann dementsprechend.
Bei großen Kirchen muss der Bewegungsraum der Gruppengröße entsprechend vereinbart werden, denn die Kinder sollen sich begegnen können und nicht in gefährliche Situationen (Treppen usw.) kommen.

1. Signal
Anweisung: Geht langsam fünf Schritte und schaut euch bei jedem Schritt in Ruhe um. Merkt euch möglichst vieles, was ihr seht und was euch interessiert.

2. Signal
Anweisung: Geht locker umher und begrüßt jeden Menschen, den ihr trefft, mit Handschlag.

3. Signal
Anweisung: Wenn ihr jetzt weiter geht, schaut euch den Boden genau an, über den ihr geht.

4. Signal
Anweisung: Wenn ihr jetzt weiter geht, betrachtet besonders sorgfältig die Decke über euch und achtet darauf, dass ihr nicht zusammenstoßt.

5. Signal
Anweisung: Bleibt stehen, schaut euch um und winkt jedem und jeder zu, mit dem oder mit der ihr Augenkontakt bekommt.

6. Signal
Anweisung: Nehmt in eine Hand ein Gesangbuch. Macht euren Rücken krumm. Der Rücken bleibt krumm. Nun schaut euch um. Der Rücken bleibt krumm. Schaut zur Decke über euch. Und der Rücken bleibt krumm. Nun geht ein paar Schritte – und der Rücken bleibt krumm. Begrüßt einen anderen, dem ihr begegnet, mit Handschlag – und der Rücken bleibt krumm.

(Langsam, nach und nach die Anweisungsteile lesen, immer beobachtend, wie die Kinder die Haltung umsetzen.)

7. Signal
Anweisung: Und nun macht euren Rücken langsam gerade. Holt tief Luft. Legt das Gesangbuch auf den Boden. Schüttelt die Arme locker aus. Springt in die Luft und reckt und streckt euch.
Und jetzt können wir uns im Kreis zusammensetzen.

Eindrücke erzählen lassen. Was erfahrungsgemäß zur Sprache kommt:
– Man kann die Decke über sich gar nicht richtig ansehen.
– Man sieht die anderen nicht.
– Man sieht nur noch, was am Boden ist.
– Ich war froh, als ich den Rücken wieder gerade machen durfte.

Den Gekrümmten begegnen

Gerade habt ihr alle den Rücken krumm gemacht. Jetzt möchte ich, dass nur die Hälfte von euch noch einmal mit dem gekrümmten Rücken umhergehen und alle anderen spazieren so umher wie sonst auch. Redet nicht miteinander. Aber achtet einmal darauf, wie das ist, wenn ihr euch begegnet, euch anseht, euch beobachtet usw. Ich gebe ein Signal und sage dann, was ihr weiter tun sollt.

1. Signal
Anweisung: Wann immer ihr jemandem begegnet, sagt: Hallo, schön dich zu treffen.

2. Signal
Anweisung: Nun richten sich die beiden wieder auf. Schüttelt eure Arme aus, springt in die Luft und reckt und streckt euch.
Wir können uns wieder im Kreis zusammensetzen.

Eindrücke erzählen lassen. Was erfahrungsgemäß zur Sprache kommt:

Von den Gekrümmten:
– Ich konnte gar nicht sehen, wenn jemand auf mich zukam. Dann konnte ich auch nicht rechtzeitig »Hallo« sagen.
– Das hat mich erschreckt, wenn jemand so ankam, dass ich ihn erst ganz spät bemerkt habe.
– Ich hatte gar keine Lust, jemanden zu treffen.

Von den anderen:
– Die Gekrümmten konnte man gar nicht richtig grüßen.
– Das war total verschieden, wer mir begegnet ist. Bei den einen war das ganz locker, bei den anderen komisch.
– Ich hatte immer das Gefühl, dass ich mich herunterbücken muss, wenn ich den ansprechen will.

Anleitung für die Herstellung der beiden Figuren

Entsprechend den Schnittmustern unten die Teile ausschneiden. An den markierten Punkten mit einer Nadel ein Loch vorstechen, dann die Teile mit einer Briefverschlussklammer (Beutelschließklammer) zusammenfügen. Nun sind der Oberkörper der Frau und die Arme Jesu beweglich.
Wichtig: Prüfen Sie, dass die Bewegungen funktionieren und keine Überstände zu sehen sind.
Wer mag, kann die Figur der Frau anschließend mit Kindern als Erinnerungszeichen zum Mitnehmen basteln.

Brigitte Messerschmidt

Unterwegs mit Sara und Abraham

Genesis / 1. Mose 11–21 i.A.

Zu den Texten

Für diese Reihe wurden verschiedene Texte aus der Sara- und Abrahamerzählung ausgewählt:

a. Eine Familie der Wanderhirten (Genesis / 1. Mose 11,27-32)
b. Der große Aufbruch – Sara und Abraham vertrauen der Zusage Gottes (Genesis / 1. Mose 12,1-9)
c. Aufenthalt in Ägypten – Sara und Abraham müssen sich entscheiden (Genesis / 1. Mose 12,10-20)
d. Gott steht zu seiner Verheißung – Sara und Abraham bekommen ein Kind (1. Mose 18,1-16a und 1. Mose 21,1-7)

Bewusst sind hier beide genannt: Sara und Abraham. Denn es ist nicht nur die Geschichte eines Menschen mit Gott, sondern dieses Paares und der ganzen Sippe. Das Leben von Nomaden spielt im Alten Testament ein große Rolle. Sara und Abraham sind Nomaden. Ihre Lebensweise ist beispielhaft für viele biblische Geschichten.
Beispielhaft ist auch ihr Gottvertrauen in einem Leben voller Schwierigkeiten. Sicher zweifeln auch sie auf dem langen Weg bis zur Erfüllung der Verheißungen immer wieder an Gottes Möglichkeiten. Sie werden vor Entscheidungen – z.B. bei der Hungersnot in Kanaan und ihrem Aufenthalt in Ägypten – gestellt und treffen nicht immer die richtige Wahl. Sie sehen nur auf die menschliche Begrenzung, die den Kinderwunsch unmöglich zu machen scheint, nicht aber auf die Zusage Gottes. Doch Gott steht immer zu ihnen, er hält seine Verheißung.
Im Kindergottesdienst soll bei dieser Erzählreihe deshalb das Vertrauen zu Gott im Vordergrund stehen. Gleichzeitig können die Kinder die Lebensweise von Wanderhirten kennenlernen.

Unterwegs zu sein, ist eine Wirklichkeit jeden menschlichen Lebens. In unserer mobilen und globalen Welt leben viele Menschen ohne festes Zuhause, bedingt durch ihren Beruf, durch soziales Elend oder durch Katastrophen und Kriege. Auch viele Kinder haben schon einen Umzug hinter sich und können sich daher gut vorstellen, was es heißt, seine Heimat zu verlassen, kein festes Zuhause zu haben.

Materialien

Für den 1. Sonntag
- Holzstäbe
- zwei große Holzkegelfiguren
- fünf kleine Holzkegelfiguren
- braunes Tuch
- trockener Sand (Vogelsand) mit kleineren Steinen durchmischt (eine Folie als Unterlage ist ratsam)
- große Steine
- Namensschilder: Euphrat, Tigris, Ur, Haran

Für den 2. Sonntag
- grünes Tuch (zu einem breiten Weg gelegt)
- Bibel (mit Text i.A. Genesis / 1. Mose 12,1-5)
- zwei Teelichter und Streichhölzer
- Namensschild: Kanaan

Für den 3. Sonntag
- gelbes Tuch
- graues Tuch
- aus Pappe ausgeschnittene Pyramiden
- Streichhölzer

Für den 4. Sonntag
- größeres gelbes Tuch
- für das Freudenfest: Fladenbrot, Käsewürfel, Weintrauben

Erzählung und Legebild

Beim Erzählen der Geschichte entsteht in der Mitte des Erzählkreises ein Bodenbild, das an den folgenden Sonntagen weitergeführt werden kann. Dafür muss es an Ort und Stelle liegen bleiben können. Sollte dies nicht möglich sein, kann es gemeinsam mit den Kindern im folgenden Kindergottesdienst wieder aufgebaut werden.
Tipp für den Transport: Als Unterlage eine Holzplatte (1,5 m x 1,5 m) mit vier Rollen und einer dickeren Holzlatte als Rand (ca. 3 cm) bauen.

Erzählbeispiel (1. Sonntag)

Die Kinder sitzen im Erzählkreis, die Mitte ist noch leer, Jiska tritt in den Erzählkreis und erzählt.

Jiska
Das ist ungerecht, richtig gemein. Da habe ich schon alle meine Sachen zusammengepackt, das Zelt mit abgebaut und den großen Kochtopf gesäubert. Das war ziemlich ekelig. Und jetzt soll ich auch noch die Ziegen zusammentreiben. Gerade jetzt, wo es spannend wird. Denn meine Tante Sara sortiert gleich alles aus, was sie nicht mehr unbedingt braucht. Das macht sie jedes Mal vor einem Aufbruch. Und da ist immer etwas dabei, was ich noch gut gebrauchen kann. Nur, wenn ich jetzt nicht da bin, dann krallen sich die anderen alles. Eigentlich könnten die die Ziegen zusammentreiben, z. B. Hagar, ihre Magd, aber die muss ihr ja helfen.

Ach, beinahe hätte ich vergessen, mich vorzustellen: Ich heiße Jiska und bin die Schwester von Lot. Wir gehören zur Sippe von Abraham. Abraham ist der Bruder meines Vaters. Mein Vater ist schon tot. Abraham ist also mein Onkel. Der sorgt jetzt für Lot und mich.
Und stellt euch vor, jetzt müssen wir alles zusammenpacken. Alles: die Zelte, die Decken, na ja, eben alles, was wir besitzen, sogar die Ziegen und Schafe.
Ich frage mich, ob ihr euch denken könnt: Weshalb?
Kinder raten

Wir wollen weit weg ziehen. Deshalb sind alle so aufgeregt. Als Wandernomaden sind wir das Herumziehen gewohnt. Doch diesmal soll es eine richtig weite Wanderung werden. In ein anderes Land wollen wir ziehen, obwohl es uns hier gut geht. Wir haben genügend Weiden und Wasser für die Tiere. Also eigentlich brauchen wir hier gar nicht weg.
Schaut, ich zeige euch mein Land. Ihr könnt mir dabei helfen.
Jiska fordert ein Kind auf, das braune Tuch auf dem Boden auszubreiten.

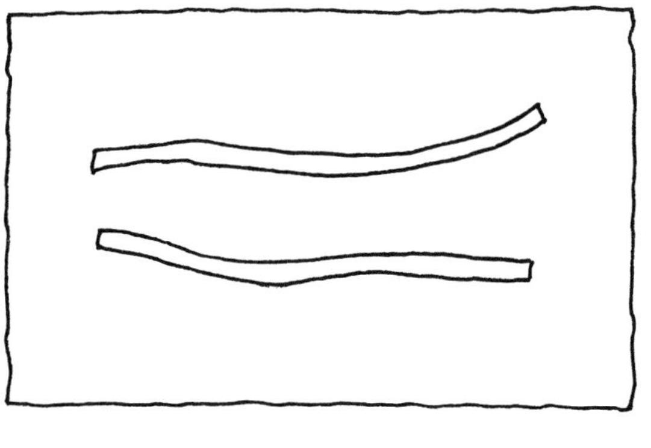

Das Land, in dem wir leben, heißt Babylon. Wir nennen es Zweistromland, weil es zwischen zwei großen Flüssen liegt. Schaut: Der Euphrat und der Tigris fließen ins untere Meer.
Jiska legt die beiden Flüsse aus blauen Krepppapier. Denkbar wäre ein Namensschild für jeden Fluß (Info: das untere Meer = persische Golf, das obere Meer = Mittelmeer)

Es ist sehr schön hier. An den Flüssen finden die Tiere genügend Gras und Wasser. Unter den Bäumen ist es schattig und kühl, da spiele ich mit meinen Freundinnen oft Murmeln im weichen Sand.

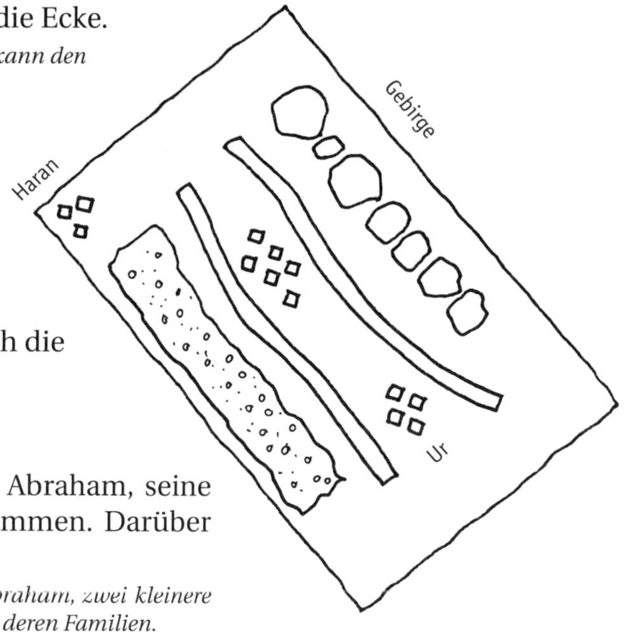

Sand haben wir genügend. Die Wüste beginnt gleich um die Ecke.

Jiska legt an die Stelle der Wüste eine Folie als Unterlage aus, ein Kind kann den Sand (mit kleinen Steinen) verteilen, es entsteht eine große Wüste.

Gebirge haben wir auch. Die Berge sind gefährlich und schroff.

Jiska gibt den Kindern größere Steine und lässt sie das Gebirge rechts vom Tigris legen.

Schaut hier bei der Stadt Ur leben wir, in der Nähe ist noch die Stadt Babylon und dort oben Haran.

Für jede Stadt durch die Kinder mehrere Holzklötze legen lassen.

Bei Ur lebt unsere Sippe als Wanderhirten. Der Chef ist Abraham, seine Frau heißt Sara. Übrigens kann Sara keine Kinder bekommen. Darüber sind beiden sehr, sehr traurig.

Jiska verteilt an die Kinder zwei größere Holzfiguren als Sara und Abraham, zwei kleinere Holzfiguren als Lot und Jiska, drei Holzfiguren als Mägde, Knechte und deren Familien.

Von Ur sind wir alle mit unserem ganzen Kram nach Haran gezogen. Natürlich sind auch noch alle Mägde, Knechte und ihre Familien, die bei Abraham arbeiten, mit gezogen.

Figuren von Ur nach Haran wandern lassen und dort aufstellen. Es entsteht eine Wanderspur im Sand.

Hier bei Haran lagern wir gerade.
Wir ziehen mit den Herden umher, verkaufen die Tiere an die Leute in der Stadt. Uns geht es auch hier sehr gut.
Aber jetzt packen wir und wollen in ein ganz anderes Land ziehen, weit weg.
Warum wir weg ziehen, darauf kommt ihr nie! Oder?!

Blickt fragend in den Kreis, Kinder äußern sich, kurz abwarten.

Stellt euch vor: Gott hat Abraham den Auftrag gegeben, in ein anderes Land zu ziehen! Wenn er ihm gehorcht und vertraut, bekommt er einen Sohn mit Sara. Ja, er will Abraham zu einem großen Volk machen.
Das muss man sich mal vorstellen: Sara ist schon alt. Sie kann eigentlich gar keine Kinder mehr bekommen und sie soll noch schwanger werden. So hat es Gott Abraham versprochen.
Abraham muss aber zuerst in ein Land ziehen, das Gott ihm zeigt.
Das ist der helle Wahnsinn! Wegziehen, einfach so! In ein Land, das keiner kennt. Hier geht es uns doch gut. Aber Abraham macht es, er vertraut Gott, und wir – seine ganze Sippe – müssen mit. Jetzt soll es losgehen. Wohin es geht, das weiß ich nicht?
Wir werden eben Gott vertrauen müssen. Ich jedenfalls bitte Gott, dass er uns begleitet und vor Gefahren bewahrt. Jetzt muss ich leider zu den Ziegen, sonst gibt es noch Ärger. Es war schön, mit euch zu reden. »Schalom« euch allen.

Jiska verabschiedet sich und geht.

▷▷▷

Erzählbeispiel (2. Sonntag)

Die Kinder sitzen im Erzählkreis, das Bodenbild liegt in der Mitte, eine Mitarbeiterin erzählt.

Letzten Sonntag hat uns Jiska von ihrem Leben im Zweistromland erzählt.

Hier sollten Abraham, Sara, Lot und Jiska vorgestellt werden.

Könnt ihr noch die Wanderspuren sehen? Schaut, hier sind Sara und Abraham mit ihren Herden, Mägden, Knechten, mit Lot und seiner Schwester Jiska entlang gezogen.

Die Strecke den Kindern zeigen oder die Wanderroute mit den Fingern nochmals in den Sand malen.

In Haran lagern sie gerade mit ihren Herden. Hier in Haran schließen Gott und Abraham einen Vertrag. Manche sagen auch: einen Bund. Dieser Bund ist so wichtig, dass ich ihn euch aus der Bibel vorlese, da steht es ganz genau.

Mitarbeiterin schlägt eine Bibel auf und liest den gekürzten Text vor.

»Und der HERR sprach zu Abrahm: Geh aus deinem Land und zieh in das Land, das ich dir zeigen werde! Und ich will dich zu einem großen Volk machen. Ich will dich segnen und ich will deinen Namen groß machen.
Und Abraham nahm seine Frau Sara und Lot und Jiska, die Kinder seines verstorbenen Bruders, und all ihre Habe, und die Leute, die sie in Haran gewonnen hatten mit. Und sie zogen los, um in das Land Kannan zu gehen.« *(nach Genesis/1. Mose 12,1-5)*

Es war ein sehr weiter Weg nach Kanaan, die Straßen konnten sie nicht benutzen, weil die Ziegen und Schafe Weiden und Wasser brauchten. Also zogen sie langsam von Rastplatz zu Rastplatz.

Grünes Tuch wird als breite Wanderroute von Haran nach Kanaan gelegt. Auf das Tuch wird Sand gestreut. Im Sand sind kleine Steine. Die Kinder lassen die Figuren auf dem Tuch nach Kanaan ziehen.

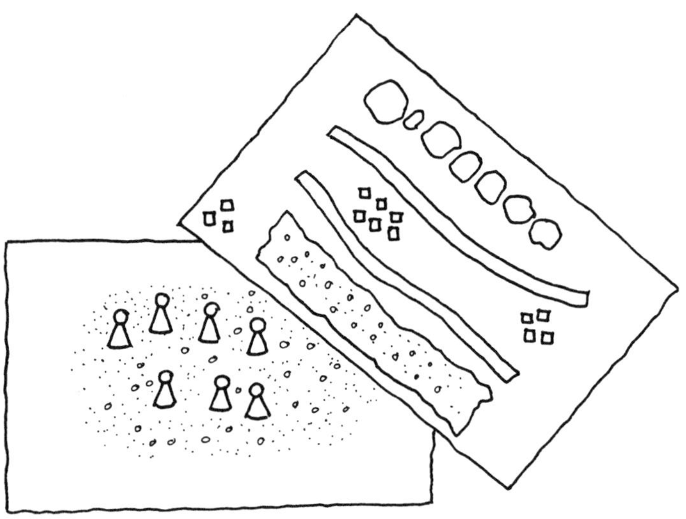

Abends, als alles ruhig war, sprach Abraham mit Gott. Immer wieder bat er ihn, sie alle zu behüten und zu beschützen. Denn der Weg nach Kanaan war weit und gefährlich. Unterwegs gab es viele Räuber und wilde Tiere.

Hier wird Vers 1 des Liedes: »Bewahre uns, Gott« gesungen (siehe »Liturgische Bausteine« Seite 71)

So kamen sie nach vielen, vielen Wochen im Land Kanaan an. Bei Sichem baute Abraham einen Altar aus Steinen und lobte Gott.

Die Mitarbeiterin beginnt, im Sand nach den kleinen Steinen zu suchen, sie baut einen (kreisförmigen) Altar.

So zogen sie durch das ganze Gebiet von Kanaan. Eine große Rast machten sie in der Nähe von Bethel. Auch dort baute Abraham einen Altar.

Ein Kind baut aus den Steinen im Sand einen (kreisförmigen) Altar.

An diesem Altar steht Abrahm und ruft den Namen Gottes an: »Von allen Seiten umgibst du mich und hältst deine Hand über mir. Gott, du kennst mich. Du achtest auf mich. Von allen Seiten umgibst du mich und hältst deine Hand über mir.«

Die Kinder stehen zum gemeinsamen Gebet auf, es kann das gesamte Psalmgebet 139 gesprochen werden (siehe »Liturgische Bausteine« Seite 71)

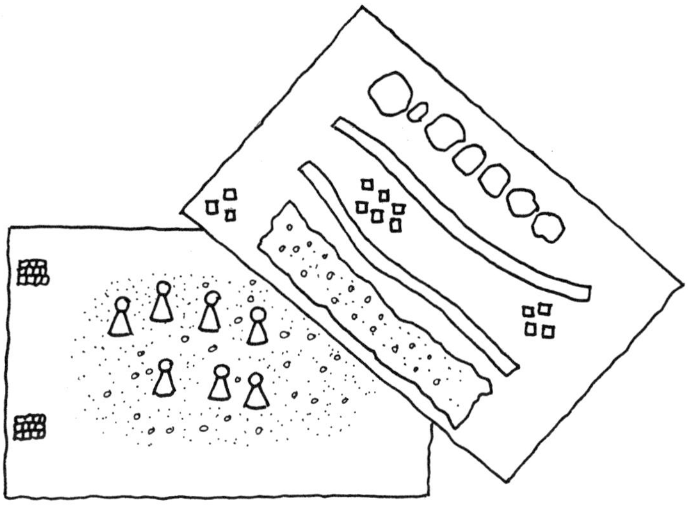

So haben Sara, Abraham und ihre ganze Sippe, nach einer langen und mühsamen Wanderung, in Kanaan eine neue Heimat gefunden – Dank Gottes Führung.

Die Mitarbeiterin stellt in jeden Altar (Kreis) ein Teelicht und entzündet es.

Als Abschluss kann das Lied »Bewahre uns, Gott« mit Bewegungen (siehe »Liturgische Bausteine« Seite 71) gesungen werden.

Erzählbeispiel (3. Sonntag)

Die Mitte bildet das Bodenbild des vorherigen Sonntages.

Vom Zweistromland nach Kanaan sind Sara und Abraham gezogen, weil Gott es gesagt hatte. Es war ein mühsamer Weg. Die Schafe und Ziegen mussten Weiden und Wasser haben.

Die Wanderroute auf dem Bodenbild zeigen (vgl. Abb. oben).

Doch Gott hatte sie begleitet. Gott hatte sie vor Gefahren bewahrt; so wie er es versprochen hatte. Alles ging gut.

Teelichter des Bodenbildes entzünden.

Doch jetzt ist eine große Hungersnot in Kanaan. Die Weiden sind verdorrt, die Wasserstellen ausgetrocknet. Was sollen die Tiere fressen? Wo finden sie genügend Wasser für so viele Tiere und Menschen? Wohin soll Abraham seine Tiere führen? Überall ist das gleiche Elend. »Hat Gott mich verlassen?«, denkt Abraham. Im ganzem Lager breitet sich eine trostlose Stimmung aus.

Graues Tuch an die untere linke Seite – Richtung Ägypten – legen.

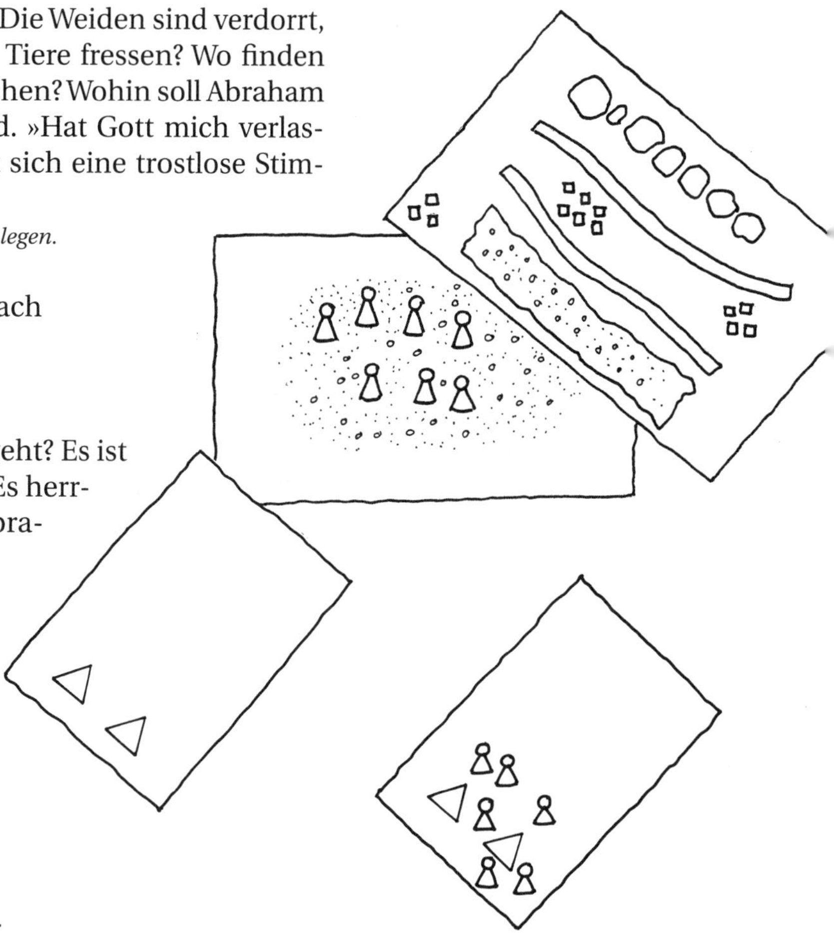

Da, eines Morgens, sagt Abraham: »Wir ziehen nach Ägypten!«

Auf das graue Tuch zwei Pyramiden legen.

Nach Ägypten will Abraham ziehen! Ob das gut geht? Es ist ein ganz anderes Land. Dort regiert der Pharao. Es herrschen andere Sitten und Gesetze. Mit Gott hat Abraham sein Vorhaben nicht besprochen.
Aber mit Sara, seiner Frau, spricht Abraham. Er geht in ihr Zelt und sagt: »Sara, du bist eine sehr schöne Frau. Wenn die Ägypter dich sehen, dann werden sie mich umbringen, damit sie dich haben können. Sag doch, du seist meine Schwester. Dann geht es uns beiden gut.«
So wandern sie nach Ägypten in das Land des Pharaos.

Die Figuren ziehen zur Pyramide, als Bitte kann der erste Vers des Liedes: »Bewahre uns, Gott« gesungen werden.

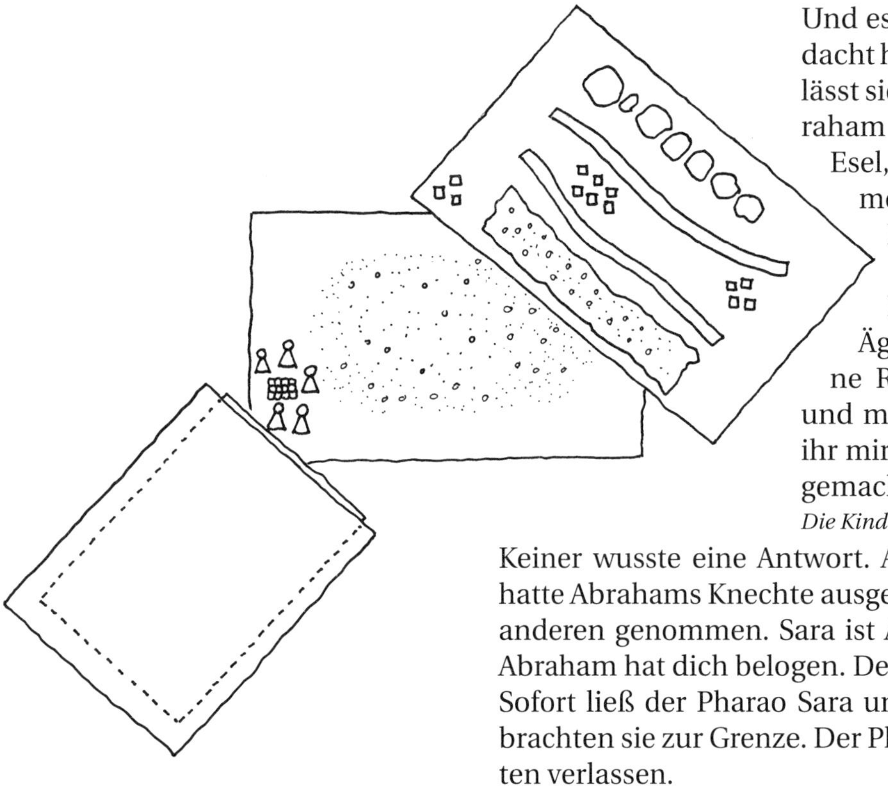

Und es kommt genau so, wie es sich Abraham gedacht hatte: Der Pharao hört von der schönen Sara, lässt sie in seinen Palast holen und heiratet sie. Abraham wird geehrt. Er bekommt viele Geschenke. Esel, Kamele, Rinder, Mägde, Knechte und vieles mehr schenkt ihm der Pharao.

Doch dem Pharao selbst und seinem Volk geht es von nun an schlecht. Seuchen, Krankheiten, Hungersnöte breiten sich in Ägypten aus. Schließlich ruft der Pharao seine Ratgeber zusammen: »Warum geht es mir und meinem Land so schlecht?«, fragt er. »Könnt ihr mir das sagen? Habe ich vielleicht etwas falsch gemacht?«

Die Kinder können ihre Meinung sagen.

Keiner wusste eine Antwort. Alle schwiegen. Da meldete sich einer, der hatte Abrahams Knechte ausgehorcht. Er sagte: »Du hast dir die Frau eines anderen genommen. Sara ist Abrahams Frau und nicht seine Schwester. Abraham hat dich belogen. Den Göttern hat das nicht gefallen.«

Sofort ließ der Pharao Sara und Abraham aus Ägypten weisen. Soldaten brachten sie zur Grenze. Der Pharao wollte ganz sicher sein, dass sie Ägypten verlassen.

So zogen sie mit ihrer Familie und all ihren Tieren, Mägden und Knechten zurück nach Kanaan. Allen war klar, dass hätte ganz anders enden können.

Figuren ziehen nach Bethel und stellen sich um den Altar.

In Bethel schlugen sie ihre Zelte auf, dann versammelten sich alle am Altar Gottes. Jetzt dankte Abraham Gott dafür, dass er sie vor der Rache des Pharaos bewahrt hatte. Sie sangen Loblieder, priesen und dankten Gott. Im ganzen Lager breitete sich ein fröhliche Stimmung aus.

Gelbes Tuch über das graue Tuch legen.

Als sie sich spät in der Nacht schlafen legten, dachte Sara: »Gottes Treue ist wie die Sonne, sie ist immer und überall da.«

Zum Abschluss kann das Lied »Gottes Liebe ist wie die Sonne« als Tanzlied gesungen werden (siehe »Liturgische Bausteine« Seite 72)

Erzählskizze (4. Sonntag)

In der Mitte liegt das Bodenbild der vorherigen Sonntage. Die Erzählerin spricht mit den Kindern über die Abenteuer, die Sara, Abraham, Lot und Jiska schon erlebt haben (siehe vorherige Sonntage). Die Teelichter auf den Altären bei Sichem und Bethel werden entzündet. Anschließend leitet die Erzählerin die letzten Geschichte der Erzählreihe wie folgt ein: »Aber e i n e Verheißung Gottes ist noch offen. Abraham und Sara warten immer noch auf ihren Sohn. Wie Gott diese Verheißung erfüllt, das erzähle ich euch jetzt.«

Die Erzählerin legt ein sonnengelbes Tuch neben das Bodenbild. Oder sie gestaltet mit den Kindern ihren eigenen Rastplatz – unter einem Baum (draußen). Auch hier bildet ein sonnengelbes Tuch die Mitte. Jetzt erzählt sie die Geschichte vom Besuch der Boten Gottes bei Abraham und Sara. Sie erzählt wie Abraham in der Mittagshitze unter den Bäumen von Mamre sitzt und drei Männer ihn besuchen. Sie erzählt von Saras ungläubigem Lachen (Genesis / 1. Mose 18,1-16a) und der Geburt des Isaak (Genesis / 1. Mose 21,1-7).

Abschließend wird das Lied »Gottes Liebe ist wie die Sonne« als Tanzlied gesungen. Das gelben Tuch fungiert als Tanztuch.

Nach dem Lied wird das gelbe Tuch als Tischdecke für Fladenbrot, Weintrauben, und Käsewürfel (Gouda) genutzt. Jetzt feiern alle ein Freuden- und Dankfest. Das Fest schließt mit der Bitte um Bewahrung für jedes Kind (Lied: »Bewahre uns, Gott«) ab.

Während der Erzählung können die Kinder an der Stelle, an der Sara lacht, verschiedene Lacharten ausprobieren.

Liturgische Elemente

Psalmgebet (nach Psalm 139)

Von allen Seiten umgibst du mich
und hältst deine Hand über mir.

Gott, du kennst mich.
Du achtest auf mich.
Nie gibst du mich verloren.

Von allen Seiten umgibst du mich
und hältst deine Hand über mir.

Alle meine Wege sind dir bekannt.
Wenn ich in Schwierigkeiten bin,
willst du mich begleiten.
Wenn ich nicht aus noch ein weiß
und mich am liebsten verstecken möchte,
so bleibt dir meine Not nicht verborgen.

Gott, du kennst mich.
Du achtest auf mich.
Nie gibst du mich verloren.

Von allen Seiten umgibst du mich
und hältst deine Hand über mir.

(nach: Lutz Geiger, Gottfried Mohr (Hg.), Bei dir bin ich Zuhause, Verlag Junge Gemeinde, Leinfelden-Echterdingen 2001, S. 41; ursprünglich EG Regionalteil Württ. 770)

Lieder

- Bewahre uns Gott, behüte uns Gott (DS 118; EG 171; EH 110; KG 213; LJ 117; SL 85)

Text: Eugen Eckert; © Strube Verlag, München - Berlin
(Tanzanleitung: Professor Nadia A. Kevan, Köln)

Bewahre uns, Gott,	*Die Füße stehen etwa hüftbreit parallel. Die Hände gehen nach vorne geöffnet Richtung Füße. (Assoziation: etwas in die geöffneten Hände holen.) Die Hände wieder nach oben vor das Gesicht holen. Die Hände formen eine geöffnete Lotusblüte. (Kleine Finger und Daumen berühren sich jeweils, sonst sind die Finger geöffnet.)*
behüte uns, Gott,	*Eine Hand wird schützend vor die Lotusblüte gehalten, die nun nur noch mit einer Hand angedeutet wird. (Assoziation: die Hand vor eine im Wind flackernde Kerze halten.)*
sei mit uns	*Beine Beugen (plié). Die Handflächen aneinander (betende Hände) weit nach vorne gestreckt auf Brusthöhe halten.*

auf unsern Wegen.	*Von dort die Hände in schlängelnden Bewegungen langsam zum Brustbein führen.*
Sei Quelle und Brot in Wüstennot,	*Die Hände tief nach unten führen, so dass sie fast den Boden berühren (Assoziation: Wasser schöpfen). Von dort das Wasser heraufholen und die Hände aufs Gesicht legen. (Assoziation Wasser aus der hohlen Hand trinken und die Wassertropfen auf der Haut spüren, als hätte man schon seit Wochen kein Wasser mehr auf dem Gesicht gehabt.)*
sei um uns mit	*Eine Hand geht schnell und dynamisch über den Kopf und kreist dort wie ein Vogel, dann findet die Hand die Mitte des Kreises und setzt dort einen Punkt. Von dort wird sie langsam entlang der Körpermitte bis zum Brustbein gezogen.*
deinem Segen.	*Dort wird sie angelegt. Dabei ist der Daumen an der Brust, die Handkante zeigt weg vom Körper.*

(Die Abschnitte D und E werden mit dem Versteil wiederholt.)

– Gottes Liebe ist wie die Sonne (DS 238; KG 153; LJ 539; MKL 1,47)

Folgende Schrittfolge ist denkbar:
Alle Tänzer fassen das gelbe Tuch an und gehen beim ersten Versteil (»Gottes Liebe ist wie die Sonne«) in kleinen Schritten rechts herum; beim zweiten Versteil (»sie ist immer und überall da«) gehen alle im Rhythmus links herum. Darauf (»Streck dich ihr entgegen«) strecken alle die Arme mit dem Tuch nach oben, dann (»Nimm soviel du willst«) wieder nach unten.

– Abraham, Abraham, verlass dein Land (DS 233; EG 311; KG 160)
– Geh! Geh! Geh den Weg (S. 77)
– Geh den Weg, geh den Weg (MKL 2,35)
– Gottes Macht erhalte dich (MKL 2,45)
– Hilf uns glauben wie Abraham

(Aus: Lied der Hoffnung 2 von Kathi Stimmer-Salzeder; ebenfalls abgedruckt in: Alma Grüßhaber, Hg., Zeig mir, wo Gottes Spuren sind. Familiengottesdienste zum Staunen und Mitmachen, Reihe: Materialien zur Gemeindearbeit, Verlag Junge Gemeinde und Verlag Katholisches Bibelwerk, 2006, S. 17)

Christina von Brocke

Die Berufung des Mose

Exodus / 2. Mose 3,1–15

Zum Text

In der Erzählung von der Berufung des Mose offenbart Gott Mose seinen Namen. Er offenbart Mose damit, wer er ist. Er zeigt ihm sein innerstes Wesen: »JAHWE = Ich-bin-für-euch-da«.
Gott geht mit diesem Namen eine feste Beziehung der Liebe und der Fürsorge ein: Er selbst wird mit Mose sein. Und er wird auch mit dem Volk Israel sein auf seinem Weg ins verheißene Land.
Es ist der ewige Gott, der sich Mose hier mitteilt. Sein Name gilt für alle Zeit.

So dürfen die Kinder mit allen Sinnen erfahren, dass JAHWE, der »Ich-bin-für-euch-da« auch mit ihnen ist. Das kann sie stark machen, ihren Weg voller Vertrauen zu gehen und sich den Aufgaben, die vor ihnen liegen, mutig zu öffnen.

Material

- Dunkelbraune oder ockerfarbene Tücher als Untergrund (man kann auch Bettlaken dafür einfärben)
- Vogelsand aus dem Supermarkt bzw. Sand aus dem Sandkasten
- Verschiedene kleine Tonschalen für den Sand
- Dornstrauch aus kahlen Zweigen in einer großen Tonvase oder einem braunen Blumentopf
- einige dicke Steine aus der Natur
- selbst gebastelte Schafe (Barff/Burkhardt/Maier, Das große farbige Bastelbuch für Kinder, Falken Verlag, S. 202) bzw. Kuscheltiere oder Krippenfiguren
- grünes Tuch als Weide
- blaues Tuch als Wasserstelle
- große weiße Kerze (und Streichhölzer)
- Bänder aus gelbem, orangenem und rotem Krepppapier

Zur Vertiefung der Erzählung:

- Namenskärtchen aus hellem Tonkarton
- Buntstifte
- Teelichter

Zur Durchführung

Der Schwerpunkt beim Erzählen liegt auf der Gestaltung des Bodenbildes. Für Mitarbeiter/innen, die gerne mit Klängen arbeiten, werden zusätzlich zum Bodenbild Anregungen für eine Verklanglichung der Erzählung gegeben.
Die Vorbereitung der Erzählung erfordert Zeit im Mitarbeiterkreis. Der Entwurf sollte den eigenen Möglichkeiten angepasst und vor dem Gottesdienst einmal durchgespielt werden.

Hinführung zur Erzählung

Sprecher/in hält eine Bibel in der Hand.

Liebe Kinder, ganz am Anfang unseres Lebens, als wir geboren wurden, hat jeder von uns etwas Schönes geschenkt bekommen.
Jeder hat von seinen Eltern einen Namen mit auf den Weg bekommen. So heißt ihr jetzt Paula oder Frederick oder Simon oder Svenja oder …
Aber – habt ihr eigentlich schon mal darüber nachgedacht, wie Gott heißt? Was hat er für einen Namen?

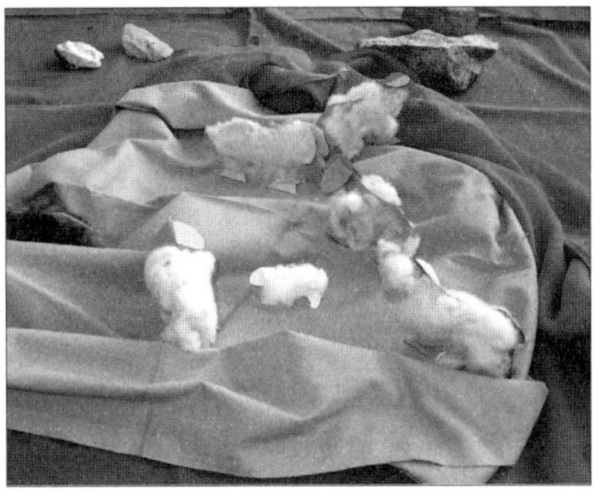

Wir wollen heute aus der Bibel die Geschichte hören, in der Gott dem Mose seinen Namen sagt.

Erzählung und Gestaltung des Bodenbildes

Die Kinder sitzen im Stuhlkreis um das vorbereitete Bodenbild. Auf dem dunkelbraunen/ ockerfarbenen Untergrund sehen sie zu Beginn nur den Dornstrauch aus kahlen Zweigen und einige dicke Steine.
Die Materialien zur weiteren Gestaltung des Bodenbildes werden bereits vor dem Gottesdienst unter die Stühle der Kinder gelegt. Die Kinder holen sie zu gegebener Zeit hervor, so dass der Erzählfluss nicht wesentlich unterbrochen werden muss.

Es ist noch früh am Morgen.
Die Sonne ist gerade aufgegangen.

● ***C-Dur-Tonleiter auf einem Xylophon spielen.***

Mose macht sich mit seinen Schafen auf den Weg zur Weide.
Im Bodenbild wird ein grünes Tuch ausgebreitet.
Auf das Tuch und um das Tuch herum werden Schafe gesetzt.

● ***Verschiedene Glöckchen bimmeln.***

Mose ist ein Hirte.
Er ist ein guter Hirte.
Jeden Tag sucht Mose für seine Schafe gutes Futter.
Wenn sie Durst haben, sollen sie auch frisches Wasser zu trinken bekommen.
Ein blaues Tuch wird zum grünen Tuch ins Bild gelegt.

● ***Regenmacher***

Es ist nicht immer leicht für Mose, saftige Weideplätze zu finden.
Denn Mose weidet seine Schafe in einer Wüstengegend.
Drei Kinder streuen Sand aus kleinen Schalen ins Bodenbild.

Mose stützt sich auf seinen Hirtenstab und blickt ins weite Land.
Der/die Erzähler/in hält die Hand über seine/ihre Augen und fordert auch die Kinder zum Schauen auf.

Mose sieht die schroffen Berge.
Er blickt hinaus in die weite Wüste.
Nichts als Sand, so weit das Auge reicht.
Nur hier und da ein Dorngestrüpp.
Mose schaut seine Tiere an.
Sie suchen ihr spärliches Futter rund um die kleine Wasserstelle.
Mose hört keinen Laut rings um sich herum.
Der/die Erzähler/in hört mit den Kindern auf die Stille.

Mose denkt nach.
Seine Gedanken gehen weit weg, ins Land Ägypten.
Dort, in Ägypten, lebt Moses Volk, das Volk Israel.
Das Volk Israel ist nicht frei. Es lebt gefangen.

● ***Klagende Laute auf Xylophon, z.B. f'-e'***

Die Israeliten müssen in Ägypten tun, was der Pharao, der grosse König, befiehlt.

● ***Drei Trommelschläge***

Die tägliche Arbeit ist hart: Lehm anrühren, Stroh auflesen, Steine schleppen, Ziegel brennen ...

Der/die Erzähler/in wiederholt diese Worte immer wieder, bezieht die Kinder mit Gesten ein und wird dabei immer schneller.
(nach dem »Arbeitstempo-Lied I« aus: Mirjams Mose, Peter Janssens Musikverlag, Telgte-Westfalen)

Der Pharao baut neue Paläste und neue Vorratskammern. Da braucht er viele Arbeiter.

Mose ist traurig, wenn er an sein Volk denkt. Sie müssen so hart arbeiten.
Mose hat es damals nicht mehr mit ansehen können.
Leise betet er jetzt:

Lied: Herr erbarme dich (EG 178.11; GL Liedanhang 956,2; EH 5; LJ 121)

Der/die Erzähler/in singt den Liedruf leise an, die Kinder singen mit.

Mose selbst lebt in Sicherheit. Schon vor vielen Jahren ist er aus Ägypten geflohen.

- ***Holzblocktrommel, erst langsam, dann immer schneller werden***

Schon lange lebt Mose nun als Hirte bei seinem Schwiegervater Jitro im Land Midian.
Jitro ist wie ein guter Freund zu ihm. Mose geht es gut.
Doch niemals kann er die Not seines Volkes in Ägypten vergessen.

Der/die Erzähler/in singt nochmals leise den Liedruf an: »Herr, erbarme dich!«, die Kinder singen mit.
Währenddessen behängt ein/e Mitarbeiter/in die kahlen Zweige des Strauches im Bodenbild mit gelben, orangenen und roten Krepppapierbändern.
Der Liedruf klingt, bis er/sie fertig ist.

Da – was ist das?
Mose schaut.
Es ist ein Dornstrauch. – Der Dornstrauch steht in Flammen, aber er verbrennt nicht.

Mose ist neugierig.
Ein Dornstrauch, der in Flammen steht und doch nicht verbrennt?
Er geht ganz nah an den Strauch heran. – Da hört er eine Stimme:

Der/die Erzähler/in spricht ab jetzt die Erzählteile sowie die Reden des Mose, ein/e zweite/r Mitarbeiter/in spricht die wörtlichen Gottesreden.

»Mose! Mose!«
Mose erschrickt.
Kein Mensch ist zu sehen.
Spricht Gott zu ihm?

Jetzt hört Mose die Stimme wieder:
»Komm nicht näher, Mose.
Zieh deine Schuhe aus,
denn der Ort, auf dem du stehst, ist heiliges Land.«
Von dem/der zweiten Mitarbeiter/in wird eine brennende weiße Kerze zum Dornstrauch gestellt.

- ***Freie Harfenmusik, z.B. auf einer pentatonischen Kinderleier***

Mose zieht die Schuhe aus und fällt auf die Knie.
Wieder hört er Gottes Stimme: »Ich sehe, wie mein Volk in Ägypten leidet.
Ich höre, wie die Israeliten um Hilfe schreien. Ich will sie befreien.
Ich will sie herausführen in ein schönes Land, in dem Milch und Honig fliessen.
Du, Mose, aber geh zum Pharao und sage ihm: ›Lass mein Volk aus Ägypten ziehen!‹«

Mose tastet nach seinem Hirtenstab.
Er hält sich daran fest.
Mose hat Angst, zum Pharao zu gehen.
»Das kann ich nicht!« ruft Mose laut.

Rührtrommel oder ein Trommelschlag

Gott sagt zu Mose:
● *Dazu freie Harfenmusik*

»Hab keine Angst. Ich werde dich begleiten.
Ich werde mit dir sein.«

»Aber wenn mich die Israeliten fragen: Wer ist der Gott, der uns befreien will? – Was hat er für einen Namen? Was soll ich ihnen dann sagen?«
So fragt Mose.

Und so antwortet ihm Gott:
● *Dazu freie Harfenmusik*

»Mein Name ist: ›JAHWE‹.
Mein Name ist: ›Ich-bin-für-euch-da‹.
Und du, Mose, sollst mein Bote sein.
Du sollst mein Volk Israel aus Ägypten befreien.«

Mose zögert noch immer. Ist das wirklich sein Auftrag?
Werden ihm die Israeliten glauben?
Und was wird der Pharao sagen? Mose hat Angst, mit ihm zu reden.

Doch Mose hört wieder die Stimme Gottes:
● ***Dazu freie Harfenmusik***
»Vertraue mir! Ich bin bei dir. Ich werde für euch da sein.«

Die Kinder werden – etwa mit folgenden Worten – zur stillen Anbetung eingeladen.

Mose hat die Nähe Gottes gespürt. Er ist auf seine Knie niedergefallen.
Auch ihr dürft jetzt nah an unsere Mitte herankommen. Ihr könnt euch hinknien oder hinsetzen, eine Weile still schauen, einfach da sein, Gott etwas sagen ... und dann wieder auf euren Platz gehen.
● ***Dazu leise, meditative Musik, z.B. Gitarre gezupft oder nochmals Harfe***
Es ist so lange Zeit, bis die Kinder wieder auf ihren Plätzen sitzen. Dann folgt der Schluss der Erzählung:

Nun macht sich Mose auf den Weg, um den Auftrag Gottes zu erfüllen. Und er weiß und er glaubt, dass Gott mit ihm ist.

Lied: Geh! Geh! Geh den Weg ... (s. rechte Seite)

Zur Vertiefung der Erzählung

Leitfragen für ein Gespräch mit den Kindern

Mose hat eine schwere Aufgabe vor sich ...

Die Kinder erinnern sich.

Wie geht es Mose? Was gibt ihm Mut?

Die Kinder denken an den Gottesnamen: JAHWE. Ich-bin-für-euch-da.

Mose erfährt, dass Gott mit ihm sein wird.
Ihr habt es vielleicht auch schon erlebt:

— dass ihr eine schwere Aufgabe vor euch hattet ...
— dass ihr euch nicht getraut habt ...
— dass ihr Angst hattet, etwas nicht zu schaffen ...

Die Kinder erzählen eigene Beispiele

Wie kam es dann, dass ihr Mut bekommen habt? Wer oder was hat euch geholfen?

Die Kinder erzählen, was ihnen geholfen hat: Personen, die hilfreich waren ... dass sie gebetet haben und dann vertrauen konnten usw.

Namenskärtchen und Teelichter

Ihr habt erzählt, wie ihr Mut für eure Aufgabe bekommen habt. Ihr könnt jetzt kleine Karten mit eurem Namen gestalten und sie nachher in unser Bodenbild legen. Ein Teelicht, das ihr zu eurer Karte stellt, sagt euch: Du kannst mutig sein, denn ich, dein Gott, bin mit dir!

Jedes Kind bekommt ein Namenskärtchen aus hellem Tonkarton. Buntstifte liegen bereit.
Die Kinder schreiben in Schönschrift ihren Namen auf das Kärtchen. Sie verzieren es oder malen etwas zu ihrem Namen, was für sie wichtig ist.
In einer Abschlussrunde legen die Kinder nacheinander ihr Kärtchen ins Bodenbild und stellen als Zeichen der Gegenwart Gottes in ihrem Leben ein Teelicht dazu, das an der Kerze in der Mitte entzündet wurde.
Die Kinder, die mögen, können dazu erzählen, in welcher Situation sie sich Gottes Da-Sein besonders wünschen.
Ein/e Mitarbeiter/in schließt mit einem kurzen Gebet. Gemeinsames Vaterunser.

Liturgische Elemente

Schreittanz als Segenslied: Geh! Geh! Geh den Weg ...

Text und Melodie: Waltraud Schneider,
© Herder Verlag, Freiburg

Einer fasst den andern lose an der Hand, und in einer großen Schlange ziehen alle im Rhythmus des Liedes durch den Raum bzw. die Kirche oder das Gemeindehaus.
(Idee aus: Wegzeichen, Religion 4, Lehrerhandbuch, Verlag Moritz Diesterweg)

Elisabeth Reinhard

Elia am Horeb

oder die so ganz andere Gotteserfahrung
Ein interaktives, prozessorientiertes Bodenbild

1. Könige 19,9–15

Zum Text

Die biblische Geschichte um den großen israelitischen Propheten Elia am Horeb gehört zu den häufiger eingebrachten Einheiten im Kindergottesdienst.
Viele Erzählvarianten sind in den zahlreichen Vorlagen zu entdecken.
Der hier folgende Erzählvorschlag wird durch ein Bodenbild vertiefend begleitet. Mit sparsamen Mitteln entfaltet sich – prozessartig und mit den Sinnen ganzheitlich erlebt – die Aussage des biblischen Textes: Gott ist – nicht allein – in den gewaltigen Kräften. Gott ist insbesondere durch Stille erfahrbar.
Ein Gottesbild also, das durch zarte, leise Töne geprägt ist.

Materialien

- ein Tuch (farbig, leicht formbar, länglich z.B. Schal) für »Elia«
- ein gelbes (möglichst rundes) Tuch
- feiner Sand (ca. eine große Dose voll, in einem Tongefäß)
- mehrere kleinere, trockene Zweige
- ein weißes Seil
- Glastropfen (oder transparentfarbene Glasnuggets) nach Anzahl der Kinder
- mittelgroße Wasserschale (oder Krug)
- Kante eines Brotes, evtl. Holzscheiben
- eine mittelgroße, weiße Kerze (Anzünder!)
- ein braunes Baumwolltuch, eindrücklich ist es auch, sich ganz auf Handgesten zu beschränken (siehe Beschreibung)
- ein kleines Salbgefäß
- verschiedenfarbige Glasnuggets (oder bunte Perlen, ggf. auch Holzkgelfiguren)

Erzählvoraussetzung

Die Kinder sitzen im Kreis. In der vorliegenden Beschreibung wird davon ausgegangen, dass alle auf dem Boden Platz nehmen.
Die Aktionsangaben können selbstverständlich mit persönlichen Hinweisen gruppen- und kindgerecht ergänzt werden, insbesondere da, wo die Kinder direkt zur Mitgestaltung aufgefordert sind.
Doch sollte dadurch der Erzählfluss nicht allzu stark beeinträchtigt werden.

Aktion zum Einstieg

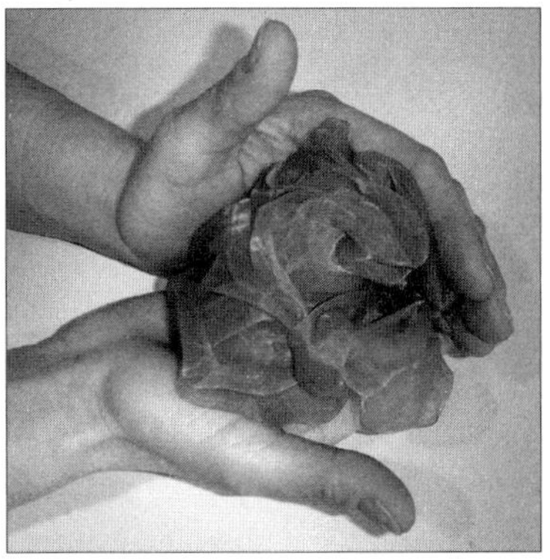

Der Erzähler/die Erzählerin hält ein weiches, formbares, etwa mittelgroßes (burgunderfarbenes, evtl. leicht gemustertes) längliches Tuch.
Beide Hände umschließen den Stoff, raffen es zu einem Bündel.

Das ist Elia ...
Elia ist ein Prophet. Er setzt sich ganz für Gott ein.
Er gibt Gottes Wort weiter. Elia ist ein besonders Eifriger.
Die Menschen um ihn jedoch verehren noch andere Götter, den Baal zum Beispiel. Das kann und will Elia nicht zulassen.
Er kämpft gegen die Baalspriester.
Ja, er schreckt nicht davor zurück, sie zu töten.
Das gefällt der Königin Isebel, der heidnischen Frau des israelischen Königs Ahab gar nicht. Sie wird zornig und will ihn töten.
Elia wird angst und bange. Er rennt um sein Leben.

Der Erzähler/die Erzählerin reicht nun das »Elia-Tuch« weiter, die Kinder werden aufgefordert, es ebenfalls an das nächste Kind weiterzureichen.
Immer schneller werdend geht das Tuch so ein, zwei Runden herum (= Elia ist auf der Flucht, außer Atem ...)
Der Erzähler/die Erzählerin unterbricht und nimmt das Tuch wieder an sich.

Elia flieht weit weg. Er flieht in die Wüste.

Der Erzähler/die Erzählerin breitet ein gelbes Tuch aus (= Wüste). Darauf wird an einer Stelle etwas Sand ausgebreitet.

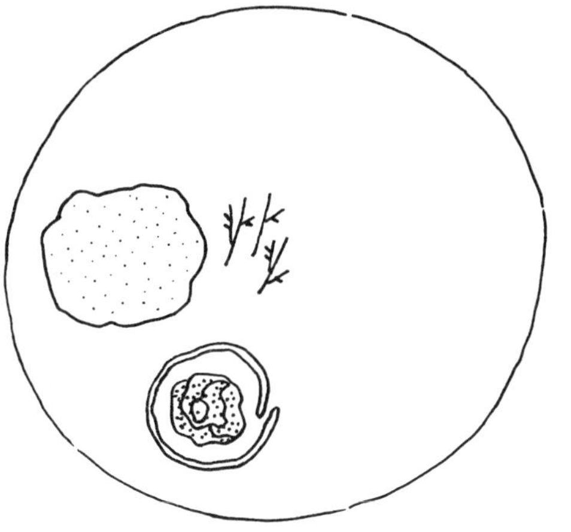

Elia setzt sich an einen Ginsterstrauch.

Der Erzähler/die Erzählerin legt trockene Zweige ab oder formt mit der linken Hand den Strauch.
Das »Elia-Tuch« wird hinzugelegt und mit einem weißen Seil eingekreist.

Elia wusste keinen Ausweg mehr.
»Ach Gott,« – so betet Elia, »ich kann nicht mehr.
Ich bin schwach. Lass mich hier sterben.«
Dann schläft Elia ein.

Die Hand streicht behutsam über das »Elia-Tuch« (= Schlaf).

Lied: »Manchmal ist meine Angst riesengroß« (s. S. 82)

Leise, zurückhaltend. Kinder stimmen langsam mit ein.

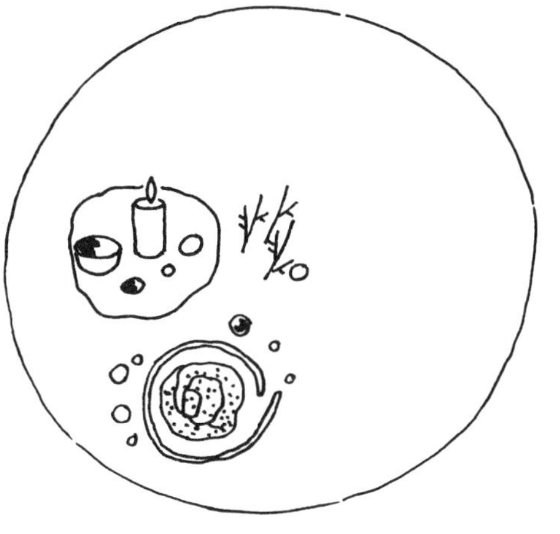

Da weckt ihn ein Engel – der rührt ihn an, ganz sacht.

Die Hand öffnet sich über dem »Elia-Tuch« nach oben.
Der Erzähler/die Erzählerin lässt ein Kind eine etwas dickere Kerze in den Sand stellen und entzündet sie.
Der Erzähler/die Erzählerin stellt eine (nicht zu große) Schale oder einen Krug mit Wasser dazu.
Die Kinder legen Glastropfen (oder transparente Glasnuggets), die in einem kleinen Korb gereicht werden.
Dazu wird ein(e) Brot-(Kante) oder evtl. symbolisch einige Holzscheiben gelegt.

»Steh auf, iss und trink!«, sagt der Engel zu Elia.
Elia stärkt sich. Er isst und trinkt. – Das gibt ihm wieder Kraft.
Und dann schläft er wieder ein. Der Schlaf tut gut.
Als Elia aufwacht, steht der Bote Gottes wieder da:
»Elia, steh auf, bleibe nicht hier. – Iss und trink, du hast noch einen weiten Weg vor dir.«
Elia stärkt sich. Er bricht auf.

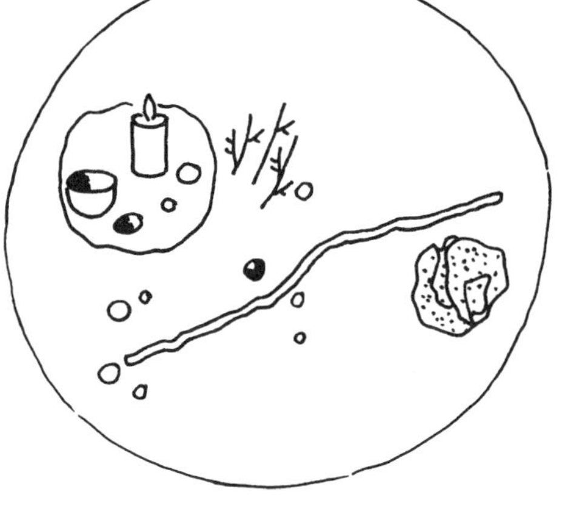

Die Kerze wird gelöscht.
Der Erzähler/die Erzählerin nimmt das »Elia-Tuch« in die Hand und lässt es (ihn) »wandern«.
Die Kinder werden aufgefordert, das Tuch als »Elia« behutsam auf dem gelben Mitteltuch weiter zu reichen, immer wieder zu platzieren, Schritt für Schritt.

Der Erzähler/die Erzählerin steht auf, geht mit, nimmt dann einen anderen Platz am »Wüstentuch« ein. Das »Elia-Tuch« wird neu positioniert.
Das weiße Seil wird ausgelegt (= ein neuer Weg).

Ein langer Weg. Elia geht durch die Wüste – vierzig Tage und Nächte.
Dann kommt er zu dem Berg Horeb.
Am Hang des Berges befindet sich eine Höhle.

Der Erzähler/die Erzählerin formt mit einem braunen Baumwolltuch einen Berg (dabei Hohlraum berücksichtigen) oder gestaltet mit den Händen einen Hohlraum, der die Höhle symbolisiert.

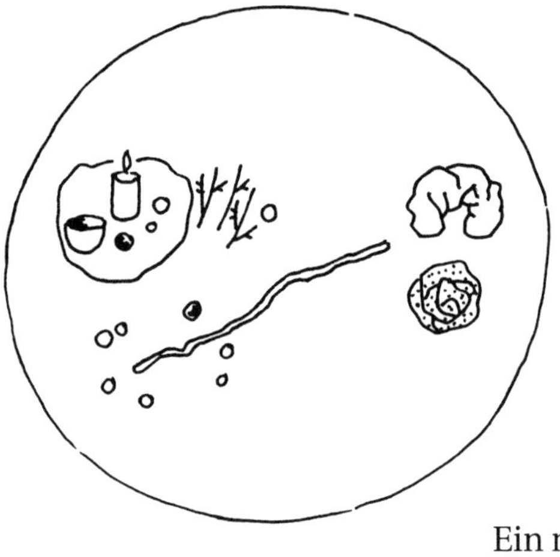

Während dieser Phase wird weiter erzählt ...

Der Berg Horeb ist ein besonderer Berg. Es ist der Gottesberg. Hier hatte schon Moses mit Gott gesprochen, damals ... Würde Gott heute, hier, auch mit ihm, dem Elia sprechen? »Ach Gott«, spricht Elia. »Ich habe für dich gekämpft, damit sie nur dir als ihrem einzigen Gott dienen. Ich habe die Altäre der anderen Götzen zerstört.
Ich bin allein übriggeblieben. Nun trachten sie nach meinem Leben.«
Da hört er Gott sprechen: »Geh an den Eingang zur Höhle.«

Der Erzähler/die Erzählerin schiebt das »Elia-Tuch« sacht ein wenig vor den »Berg«.

Ein mächtiger Sturm kommt auf.
Gewaltig pfeift es um den Berg und die Täler.

Die Kinder werden animiert, die Hände auf die Schultern des Nachbarkindes zu legen. Der ganze Körper wiegt im Rhythmus des Sturms mit. (Kein Klamauk, sondern Dramaturgie, die der/die Erzähler/Erzählerin selbst mit einbringt.)

Aber Gott ist nicht im Sturm.

Der Erzähler/die Erzählerin beendet die Bewegung und zeigt mit einer Geste die »Ratlosigkeit«.

Dann folgt ein gewaltiges Erdbeben.
In Elia wächst die Angst. Er spürt die Erde unter sich. Urgewalten! Felsen zerbersten.

Die Kinder werden animiert, mit den Fäusten zu trommeln (oder wenn Sitzkreis mit den Füßen ...).
Dabei Intervalle – mal mehr, mal weniger ...

Aber Gott ist nicht im Erdbeben.

Der Erzähler/die Erzählerin beendet die Bewegung und zeigt wieder mit Geste die »Ratlosigkeit«.

Jetzt – Feuer! Es scheint alles aufzufressen.
Der Berg steht in Flammen. Sie reißen mit, sie zerstören.
Was wird bleiben? Nur Asche ...?

Der Erzähler/die Erzählerin animiert die Kinder, mit den Händen und Armen zu »flackern«, auch angeregt, durch die Dynamik in der Stimme.

Aber Gott ist auch nicht im Feuer.

Der Erzähler/die Erzählerin beendet die Bewegung und zeigt wieder mit Geste die »Ratlosigkeit«.

Dann – eine Stille macht sich breit.
Elia spürt etwas – ein sanftes Säuseln,
einen Hauch auf seiner Haut. Ganz sacht ...

Der Erzähler/die Erzählerin animiert die Kinder, leicht mit zugespitztem Mund behutsam über den eigenen Handrücken zu »pusten« – vielleicht auch über die Handrücken des Nachbarn ...

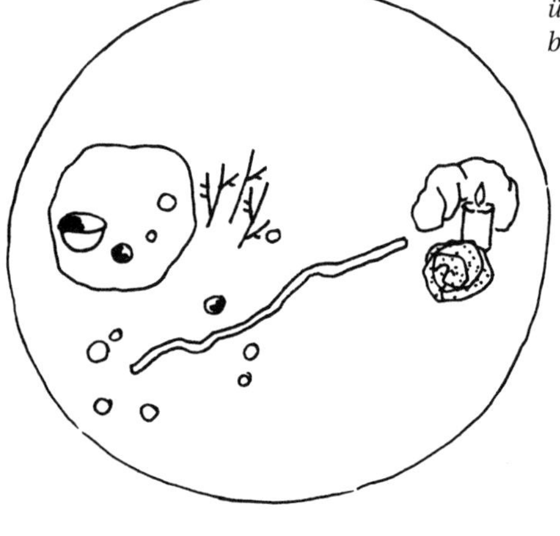

Da weiß Elia, in diesem zarten Hauch ist Gott.
Elia verhüllt sein Gesicht.
Elia tritt aus der Höhle heraus.

Der Erzähler/die Erzählerin deutet den Inhalt des Erzählabschnitts mit den Händen gestenhaft an. Er hält beide Hände leicht geschlossen vor das Gesicht, animiert die Kinder, es ihm/ihr gleich zu tun. Dann öffnet er/sie wieder langsam ...

Der Erzähler/die Erzählerin nimmt die Kerze und platziert sie an den Ort der Höhle. Er/sie zündet die Kerze an und schiebt das »Elia-Tuch« noch weiter vor den »Berg«.

Lied: »Gott kommt manchmal ganz leise« (s. S. 82)

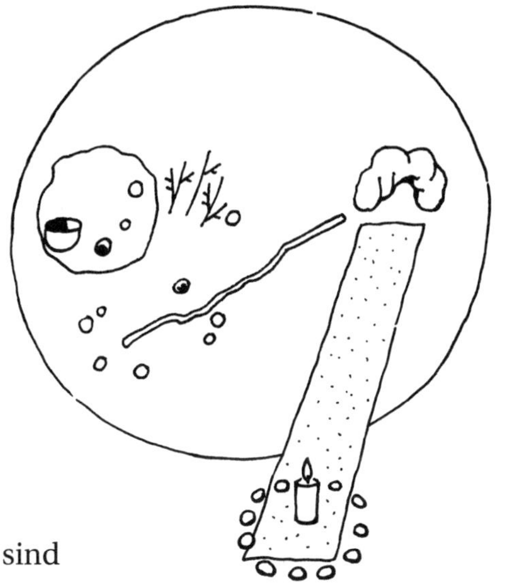

Gott aber spricht zu Elia:
»Geh! Geh noch einmal deinen Weg.
Geh zurück nach Israel!«
Da geht Elia weg vom Berg
und kehrt in seine Heimat zurück.

Der Erzähler/die Erzählerin nimmt das »Elia-Tuch« auf.
Er/sie breitet das »Elia-Tuch« nun in seiner Länge aus und bildet damit einen Weg, der über die Grenzen des gelben Stoffes (Mitte) hinausreicht (= Gott gibt Kraft zur Entfaltung).

Elia spürt nun Gottes Nähe.
Der Erzähler/die Erzählerin nimmt die (brennende) Kerze und stellt sie auf den Weg.

»Elia«, spricht Gott, »du bist nicht allein. Viele Frauen und Männer sind treu geblieben. Sie haben keine anderen Götter angebetet. Geh!«

Ja, da sind noch mehr ...
Die Kinder legen um die Kerze Glasnuggets in unterschiedlichen Farben (oder bunte Perlen, auch kleine Holzkegelfiguren sind möglich).

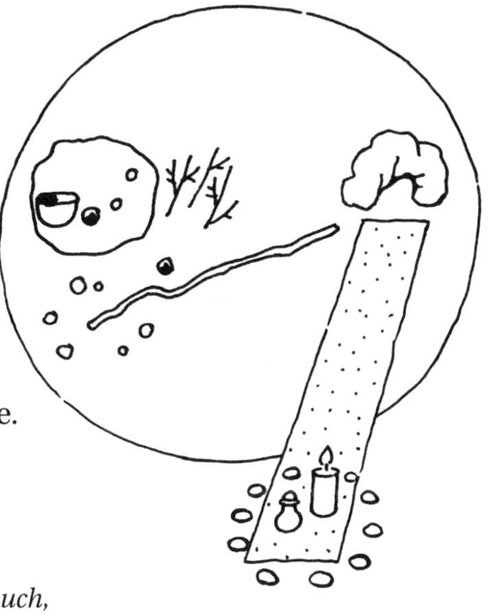

Aber Gott hat ihm noch eine Auftrag mit auf den Weg gegeben: »Geh nach Damaskus. Dort sollst du einen neuen König salben.«

Der Erzähler/die Erzählerin stellt am Ende des ausgebreiteten »Elia-Tuches« ein kleines Salbgefäß auf.
Der Erzähler/die Erzählerin stellt die Kerze dicht an das Gefäß heran.
Das »Elia-Tuch« wird nun wieder (schweigend) zur ursprünglichen »Gestalt« geformt. – Also behutsam – leicht angedeutet – zusammengerafft.

Elia hat Gott auf eine ganz andere Weise erfahren, als er es erwartet hatte.
Gott war bei ihm – in aller Stille. Ganz anders, als Elia es vermutet hatte.
Wo, wie können wir Gott entdecken?
(Gespräch mit den Kindern – nur bei Bedarf.)

Anmerkung:
Durch die verbleibenden Elemente der zuvor entwickelten Bilder (Dornenstrauch, Horeb ...) wirkt die biblische Geschichte für die Kinder nach. Die Einheiten werden so als Stationen mit ihrer Symbolik visuell verstärkt.

Liturgische Elemente

Lieder

- Manchmal ist meine Angst riesengroß (s. S. 82)
- Gott kommt manchmal ganz leise (zum Einstieg) – (s. S. 82)

Gebet

Gott,
es tut gut zu wissen, dass du da bist.
Doch um dich zu erfahren,
um zu spüren, dass du uns nah bist,
ist es wichtig auch mal leise zu werden.
In der Stille kann man gut nachdenken.
In der Ruhe können wir besser unsere Gedanken sammeln,
um dann mutig und fröhlich
in den Tag und in die Nacht zu gehen.
So ist es schon vielen anderen Menschen ergangen,
auch dem Propheten Elia.
Gib uns Ohren, die hören und wachsame Augen
und ein weites Herz.
Gott, sei du auch mit uns.

Klaus-Dieter Braun

Manchmal ist meine Angst riesengroß

Gott kommt manchmal ganz leise (zum Einstieg)

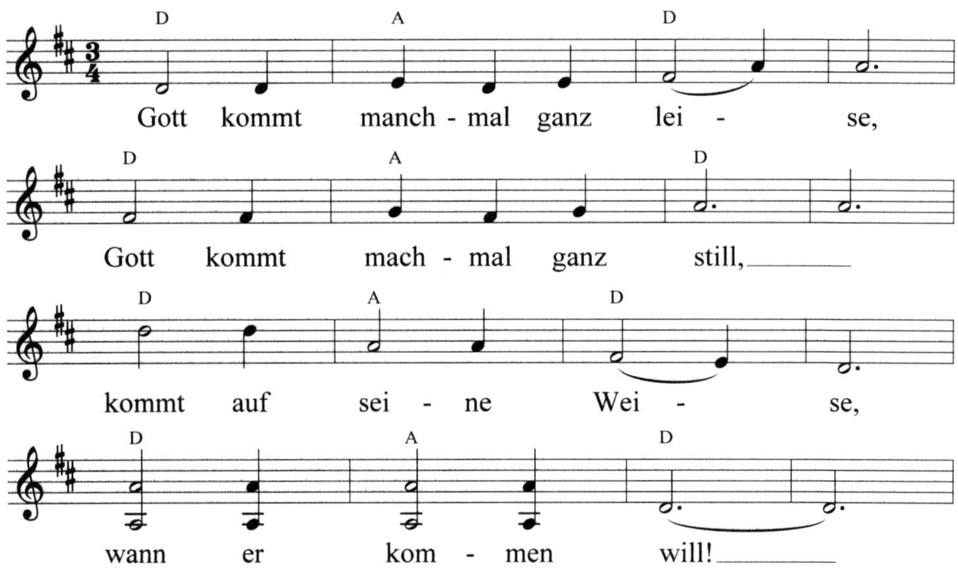

Der Herr ist mein Hirte

Psalm 23

Zum Text

Psalm 23 ist einer der bekanntesten Psalmen. Er hat über Jahrtausende hinweg Menschen begleitet, sie getröstet und gestärkt. Noch heute lernen ihn Generationen von Konfirmanden auswendig. Viele wählen einen seiner Verse als Konfirmationsspruch aus, stellen ihn als Segenswort über ihre Ehe oder als Trostwort über das Sterben und die Auferstehung.

Psalm 23 verkörpert beispielhaft die Funktion aller Psalmen: »Um unserer Sprachlosigkeit, die uns so leicht befällt, wenn wir mit Gott reden, abzuhelfen, haben Menschen seit altersher feste Gebete geprägt. Man kann sich, wenn einem die Worte fehlen, diese Worte leihen. (...) Wir finden solche Gebete in der Bibel, vor allem in den Psalmen. Diese Gebete sind im Buch der Psalmen gesammelt, damit andere sie zu ihren Gebeten machen können. Sie lesen ihre Not, ihre Freude, ihr Staunen und ihre Trauer in diese Worte hinein und drücken ihre Gedanken mit diesen fremden Worten aus.« (Gottfried Mohr, Hrsg.: Sagt Gott, wie wunderbar er ist. Alte und neue Psalmen zum Sprechen und Singen, Leinfelden-Echterdingen 1995², S. 10)

In unserer Kirchgemeinde haben wir einige Verse des Psalms 23 fest in die Kindergottesdienst-Liturgie aufgenommen. Der Psalm wird jeden Sonntag gebetet, und zwar mit dem schrittweisen Vor- und Nachsprechen der einzelnen Verse. Bei den ersten Kindergottesdiensten wurden die Verse durch Legematerialien eingeführt. Ab und zu wird dies wiederholt, um neue Kinder mit hinein zu nehmen bzw. die Bedeutung der Verse noch einmal zu vertiefen.

Zu einem solchen Umgang mit Psalm 23 möchte ich mit der vorliegenden Ausarbeitung ermutigen. Denn der »Gebets-Schatz« der Kinder sollte nicht nur das »Vater unser« umfassen, sondern auch diesen traditionellen Vertrauenspsalm, der durch ein Leben hindurch begleiten kann.

Um eine eigene Auswahl von Versen vornehmen zu können, ist der gesamte Psalm vorgestellt. Es ist aber sicherlich sinnvoll, für den regelmäßigen Gebrauch eine Auswahl zu treffen. Auch die Anregungen zu den einzelnen Versen müssen nicht alle übernommen werden. Sie stellen ein Angebot dar, aus dem man auswählen kann.

Ab und zu kann aber durchaus der gesamte Psalm gebetet werden (dann evtl. unterstützt durch Legematerialien).

Bei der Auslegung des Psalms habe ich mich – trotz vorhandener anderer Auslegungen – entschieden, konsequent das Hirtenbild zu verfolgen, welches für die Kinder einsichtig und nachvollziehbar ist. (Vgl. Wolfgang Vorländer, Christine Heymer: Er führet mich – Predigten zu Psalm 23, Neukirchen-Vluyn 1998. Dieses Buch bezieht sich u.a. auf W. Phillip Keller: Psalm 23 – Aus der Sicht eines Schafhirten, Wetzlar 1979 ff., Neuauflagen 1988ff.)

Noch eine kurze Anmerkung zur Übersetzung des Psalms nach Martin Luther, die ich gewählt habe. Diese Übersetzung birgt eine ganz eigene Poesie in sich, deren Kraft in der ökumenischen Einheitsübersetzung leider verloren gegangen ist. Natürlich kann auch diese Übersetzung genommen werden, da der Inhalt ja der gleiche ist. Einige Erklärungen des Entwurfs können dann weggelassen werden.

Psalm 23

Der Herr ist mein Hirte,
mir wird nichts mangeln.
Er weidet mich auf einer grünen Aue
und führet mich zum frischen Wasser.
Er erquicket meine Seele.
Er führet mich auf rechter Straße
um seines Namens willen.
Und ob ich schon wanderte im finstern Tal,
fürchte ich kein Unglück;
denn du bist bei mir,
dein Stecken und Stab trösten mich.

Du bereitest vor mir einen Tisch
im Angesicht meiner Feinde.
Du salbest mein Haupt mit Öl
und schenkest mir voll ein.
Gutes und Barmherzigkeit
werden mir folgen mein Leben lang,
und ich werde bleiben
im Hause des Herrn immerdar.

Materialien

- Tücher: blau, grün, braun
- Hirte mit Stecken und Stab (Stecken und Stab z.B. aus Knetgummi)
- mindestens zwei Schafe (s. Bastelanleitung S. 88)
- Papphirten (Vorlage in DIN A 4 oder DIN A 5 auf festeres Papier kopieren und ausschneiden)
- Kieselsteine
- bunte Glassteine (Glasnuggets) oder Kräuter oder kleine Blumen, z.B. Gänseblümchen
- Rosenöl o. ä. in einem Fläschchen

Gestaltung des Psalms

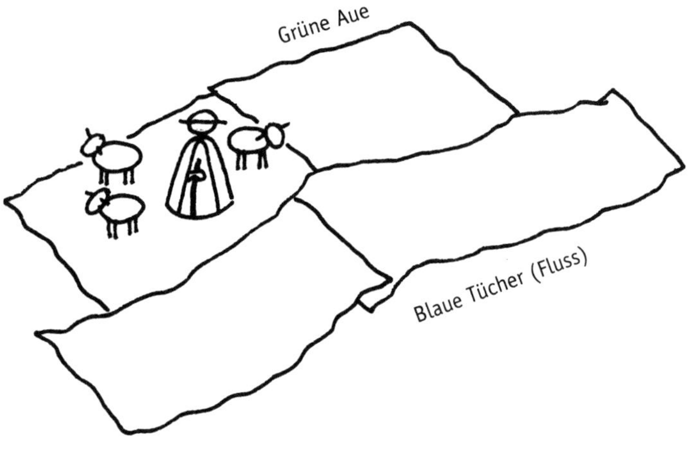

In der Mitte ist aus blauen Tüchern ein Fluss gelegt. Auf einer Seite des Flusses ist mit grünen Tüchern »die grüne Aue« gestaltet. Der/die Liturg/in stellt einen Hirten (mit Stecken und Stab) und mindestens zwei Schafe auf »die grüne Aue« (Geeignet dafür sind z.B. Biege-Puppen, Figuren von Playmobil oder selbst gebastelte Figuren, z.B. aus Toilettenpapierrollen, bis hin zu Holzkrippenfiguren ...).

Kinder äußern sich zum Hirten / Schäfer und zu den Schafen (eigene Erlebnisse, Sachwissen, Geschichten aus der Bibel).

Hier auf unserer grünen Wiese direkt am Fluss steht ein Hirte mit seinen Schafen. Den Hirten konntet ihr gut an seinem Stecken und seinem Stab erkennen und natürlich an den Schafen, die bei ihm sind.

An dieser Stelle evtl. schon eine Sachinformation zu »Stecken und Stab« geben; siehe weiter unten.

In der Bibel gibt es viele Geschichten und auch Lieder, die von Hirten erzählen. (Einige habt ihr ja schon erzählt).
Heute wollen wir ein Lied aus der Bibel kennen lernen, das die Menschen besonders gerne gesungen oder auch nur gesprochen haben. Diesen Psalm – so nennt man die Lieder aus der Bibel – beten die Menschen heute auch noch sehr gern. Der Psalm erzählt davon, dass ein Hirte immer für seine Schafe da ist. Der Psalmbeter wollte damit sagen, dass Gott – ähnlich wie ein Hirte für seine Schafe – immer für uns Menschen da ist.

Der Psalm beginnt so: »Der Herr ist mein Hirte, mir wird nichts mangeln.«
Jetzt alle zusammen: »Der Herr ist mein Hirte ...«

»Mangeln« ist ein altes deutsches Wort. Es bedeutet: Wenn Gott bei mir ist, wird es mir an nichts fehlen. Gott weiß, was ich brauche.

Wir haben gerade gesagt: »Der Herr ist mein Hirte ...«. Deshalb bekommt jetzt jeder seinen eigenen Hirten. Den könnt ihr nachher noch ausmalen und dann mit nach Hause nehmen. Euer Hirte kann euch dann immer an den Psalm erinnern, den wir jetzt gemeinsam hören und sprechen wollen. Denn Gott hat jeden von uns lieb und ist immer für uns da.

Der/die Liturg/in verteilt an jedes Kind eine ausgeschnittene Hirtenfigur aus Pappe o. ä. (siehe Kopiervorlage S. 88)

Jede und jeder schaut jetzt ihren/seinen Hirten an und wir sagen noch einmal gemeinsam: »Der Herr ist mein Hirte ...«

So geht der Psalm weiter:

»Er weidet mich auf einer grünen Aue

(Die Kinder wiederholen.)

und führet mich zum frischen Wasser.

(Die Kinder wiederholen.)

Er erquicket meine Seele.«

(Die Kinder wiederholen.)

»Aue« ist ein altes Wort für eine Wiese direkt an einem Fluss. Schaut auf unsere Aue hier in der Mitte. Seht die Schafe, wie sie das Gras fressen. Der Hirte ist bei ihnen. Er passt auf, dass keiner sie beim Fressen stört. Sie werden satt.
Danach trinken sie; nicht aus einer schmutzigen Pfütze, sondern gutes frisches Wasser aus dem Fluss.
Das erfrischt richtig; nicht nur den Körper, sondern auch den Geist. Der Psalm sagt dazu »er erquicket meine Seele«.

An dieser Stelle über »Durst-Erlebnisse« mit den Kindern sprechen bzw. eine solche Situation mit Geräuschen und Körperbewegungen nachspielen, z.B. nach dem Sport oder während einer Wanderung. Wie sich das ganze Denken während des Durstens um das Trinken dreht und wie erfrischend dann der erste Schluck ist:
Ach, ich habe schrecklichen Durst. Jetzt laufen wir schon eine Stunde – Arme und Kopf nach vorne. Es ist so heiß – mit der Hand über die Stirn streichen – usw.

Gut, dass der Hirte weiß, wo es grüne Auen und frisches Wasser gibt. So wie Gott weiß, was wir Menschen brauchen. Deshalb folgen ihm die Schafe auch voller Vertrauen.

Der Psalm sagt es so:
»Er führet mich auf rechter Straße um seines Namens willen.«

(Die Kinder wiederholen.)

Wir wollen uns jetzt auch einmal führen lassen. Wenn man die Augen dabei zu macht, merkt man besonders deutlich, dass man dem vertrauen muss, der einen führt. Immer zwei Kinder nehmen sich an der Hand. Ein Kind macht die Augen zu, das andere führt das »blinde« Kind durch den Raum, ohne dass es irgendwo anstößt oder stolpert. Wenn die Musik aufhört, wechseln die Partner.

Während des Spiels wird das Lied: »Halte zu mir guter Gott« (DS 9; LJ 549, 1. Strophe) zunächst gesummt und dann leise gesungen – Zeit lassen!
Nach diesem Spiel wird eine kleine Zäsur gemacht, da der Psalm ab Vers 4 einen Wechsel vollzieht: er – du, Begleitung im Leben – Beistand in schwierigen Zeiten.

Wir wollen den Psalm bis hierher noch einmal gemeinsam sprechen. Schaut dabei euren Hirten an.

(vorsprechen – nachsprechen; Einteilung s. o.)

Ja, Gott begleitet uns in unserem Leben. Vor allem auch dann, wenn es uns nicht so gut geht. Wenn wir traurig sind oder Angst haben.

Der/die Liturg/in legt Kieselsteine (mehr als Kinder dabei sind) neben die Schafe – in einiger Entfernung vom Hirten.

Diese Steine können uns an etwas erinnern, was uns traurig gemacht hat.

Der/die Liturg/in nimmt sich einen Stein.

Wenn ich diesen Stein anschaue, muss ich daran denken, wie ich einmal traurig war.

An dieser Stelle gibt es zwei Möglichkeiten. Sie können »im Allgemeinen« bleiben (dann geht es nach dem obigen Satz direkt weiter) oder noch ein eigenes Erlebnis erzählen (und damit die Chance in der Vorbereitung wahrnehmen, selbst über die Aussage des Verses 4 nachzudenken:

Wann gab es eine schwierige Situation? Fühlte ich mich von Gott begleitet? Schickte mir Gott einen »Retter in der Not«?).
Im Anschluss daran könnten sich auch die Kinder, die möchten, einen Stein nehmen und von einem Erlebnis erzählen, wie sie traurig waren oder Angst hatten.

Als Abschluss für beide Möglichkeiten geht es wie folgt weiter:
Der/die Liturg/in legt den Stein beim Hirten ab mit den Worten:

Gott, manchmal bin ich traurig oder ich habe Angst. Danke, dass du bei mir bist und mich tröstest.

Die Kinder werden durch eine Geste bzw. kurze Anweisung (je nach Alter der Kinder) aufgefordert, ihren Stein mit den gleichen oder ähnlichen Worten beim Hirten abzulegen. Bei dieser Aktion ist Ruhe wichtig. Nacheinander gehen die Kinder zum Hirten. Durch die Wiederholung »Gott manchmal bin ich …« soll eine meditative Atmosphäre entstehen. Nachdem alle Steine abgelegt worden sind, wird das Lied: »Halte zu mir, guter Gott« (s.o., 3. Strophe) zunächst gesummt, dann leise gesungen bis schließlich alle mit einstimmen können.
Die Dauer des Singens ist von der Atmosphäre abhängig.

Allgemein ist es hilfreich – wenn es zu einem Lied passt – sich entsprechende Bewegungen zum Text auszudenken. Das macht den Kindern Spaß und unterstützt sie beim Singen; nur Mut zur Spontaneität: Meist fallen einem passende Bewegungen ein. Das ist leichter als irgendwelche komplizierten Anleitungen zu studieren, die man im Vollzug doch vergisst.

So wie wir jetzt gesungen haben, hat auch der Beter unseres Psalms (23) gesungen. Er kannte unser Lied aber noch nicht. Deshalb hat er andere Worte benutzt, die aber das gleiche meinen. Er sagt:

»Und ob ich schon wanderte im finstern Tal
(Die Kinder wiederholen.)
fürchte ich kein Unglück
(Die Kinder wiederholen.)
denn du bist bei mir
(Die Kinder wiederholen.)
dein Stecken und Stab trösten mich …«
(Die Kinder wiederholen.)

Auch Schafe haben manchmal Angst, z.B. wenn wilde Tiere kommen oder der Weg eng und dunkel wird. Oder sie laufen von der Herde weg, wenn sie z.B. etwas Leckeres zum Fressen sehen.
Der Hirte hat deswegen einen Stecken und einen Stab bei sich. Der Stecken sieht ein bisschen aus wie eine Keule. Damit kann der Hirte seine Herde verteidigen. Mit dem Stab leitet der Hirte die Schafe.
Manchmal muss er sie ein bisschen anschubsen oder mit der Biegung oben wieder zurückholen.
Die Schafe können sich auf ihren Hirten verlassen.
Das ist besonders dann wichtig, wenn sie im Sommer durch die engen, dunklen Täler hoch hinauf auf ihre Sommerwiesen getrieben werden, wo es besonders gutes Futter und frisches Wasser gibt. Der Hirte sucht diese Wiesen sorgfältig aus und bereitet sie für die Schafe vor. Er muss z.B. giftige Pflanzen ausreißen oder Salz-Lecksteine auf der Wiese verteilen. Außerdem muss der Hirte besonders wachsam sein, denn in den Bergen gibt es auch gefährliche Tiere, z.B. Wölfe, die sich an die Herde heranschleichen können.

Der/die Liturg/in legt längs an die andere Seite des Flusses ein braunes Tuch (mit »Bergen und Tälern«). Dahinter wird ein grünes quadratisches Tuch wie ein Tischtuch ausgebreitet.

Wir wollen unsere Schafe nun zum gedeckten Tisch auf die Sommerwiese bringen. Damit der Tisch auch reichlich gedeckt ist, wollen wir noch »Kräuter« darauf verteilen und eine Quelle anlegen.

Der/die Liturg/in verteilt an die Kinder bunte Glassteine (bunte für die Kräuter, blaue für die Quelle; evtl. auch echte Kräuter oder Blumen, z. B. Gänseblümchen) und lässt sie diese auf dem Tuch verteilen. Anschließend »wandern« der Hirte und die Schafe über die Berge auf die Sommerwiese.

Jetzt wollen wir noch einmal den letzten Teil des Psalms sprechen und hören wie es weiter geht.
»Und ob ich schon wanderte …

(Wiederholung mit Vor- und Nachsprechen von Vers 4, s. o.)

Du bereitest vor mir einen Tisch

(Die Kinder wiederholen.)

im Angesicht meiner Feinde

(Die Kinder wiederholen.)

Du salbest mein Haupt mit Öl

(Die Kinder wiederholen.)

und schenkest mir voll ein.«

(Die Kinder wiederholen.)

Wie gut der Hirte zu seinen Schafen ist! Er sucht nach gutem Futter und frischem Wasser. Er ist wachsam gegen die Feinde. Er reibt die Schafe sogar mit Öl am Kopf ein, um sie gegen lästiges Ungeziefer zu schützen. Er tut alles, damit es den Schafen gut geht. Und die Schafe lassen es sich gut gehen! So können sie gut heranwachsen und miteinander in der Herde leben.
Auch Gott möchte, dass es uns Menschen gut geht. Er tut alles, damit es uns geht – unser ganzes Leben lang:

- wenn wir im Kindergarten spielen oder in der Schule lernen;
- wenn wir als Erwachsene arbeiten oder als alte Menschen Zeit haben;
- wenn wir gesund sind oder krank,
- wenn wir fröhlich sind oder traurig;
- wenn wir mutig sind oder ängstlich.

Unser ganzes Leben lang ist Gott für uns da. Er freut sich, wenn wir an ihn denken und ihm danken.

Deshalb heißt es auch am Ende unseres Psalms so:
»Gutes und Barmherzigkeit werden mir folgen ein Leben lang

(Die Kinder wiederholen.)

und ich werden bleiben im Hause des Herrn immerdar.«

(Die Kinder wiederholen.)

Gott ist immer in unserer Nähe, begleitet und beschützt uns. Wir sind ganz kostbar für ihn. Deshalb werde ich jetzt den Kindern, die das möchten, einen Tropfen von diesem kostbaren Öl auf die Hand geben.

Der/die Liturg/in zeigt das Fläschchen und geht dann herum, verteilt mit dem Zeigefinger jeweils einen Tropfen Öl auf den Handrücken oder die Handinnenfläche und spricht dabei jedem einzelnen Kind zu:

Du bist unendlich wertvoll. Gott beschütze dich.

Zum Schluss kann man noch einmal zusammenfassend den Psalm mit Vor- und Nachsprechen beten und / oder die 4. Strophe des Liedes »Halte zu mir, guter Gott« singen (s.o.).

Im Anschluss daran kann jedes Kind »seinen« Hirten ausmalen.

Bastelanleitung Wollschaf

1. Die Vorlage für das Schaf zweimal kopieren. Ebenso die Ohren.
2. Die beiden Pappschafe werden bis zu den gestrichelten Linien zusammengeklebt, d.h. die Füße bleiben frei. An diesen Linien werden die Füße später jeweils nach außen geknickt.
3. Die Ohren werden rechts und links am Kopf angeklebt (s. Skizze). Mit einem schwarzen Filzstift werden die Augen aufgemalt.
4. Gesicht, Ohren und Füße werden nicht mit Wolle beklebt. Der übrige Körper des Schafs wird zunächst auf einer Seite mit Klebstoff bestrichen. Jetzt wird die Naturwolle aufgelegt und vorsichtig angedrückt.
5. Wenn die eine Seite ganz beklebt ist, wird das Schaf umgedreht und auch die andere Seite mit Wolle beklebt.
6. Jetzt werden die Füße noch nach außen geknickt, damit unser Schaf stehen kann.

Elke Sonntag

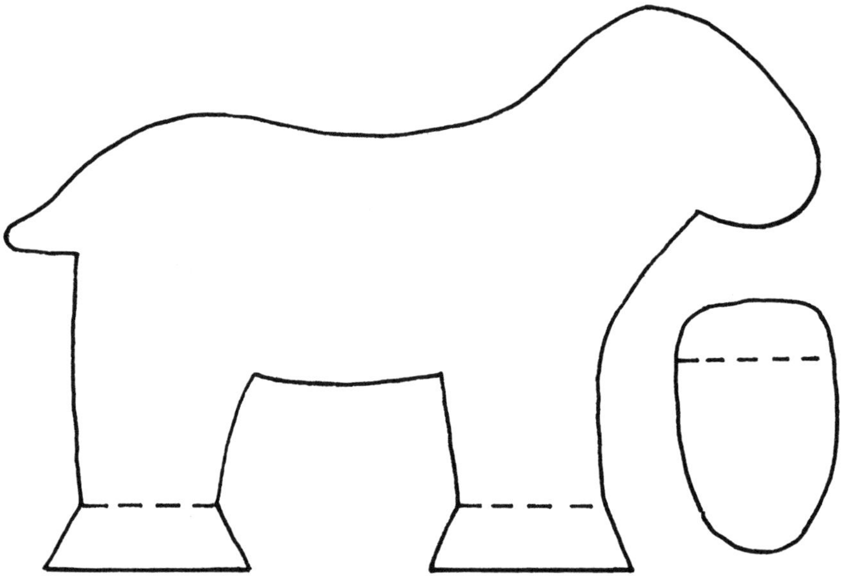

Vorlage Hirte

Die Heilung des Lahmen an der »schönen« Tempeltür

Apostelgeschichte 3,1–11

Zum Text

Das heilende Wirken Jesu ist mit seiner »Himmelfahrt« nicht zu Ende. Petrus und Johannes heilen den Lahmen an der »schönen« Tempeltür im »Namen Jesu Christi von Nazaret ...« (V. 6). Damit folgt dem Wort das Zeichen: das heilmachende Tun bekräftigt die Worte der Pfingstpredigt des Petrus (Apostelgeschichte 2,21).
Die Geschichte beginnt mitten im Alltag. Petrus und Johannes gehen mit vielen anderen zum täglichen Abendgebet hinauf zum Tempel.
Der Lahme sitzt – vermutlich wie viele andere Bedürftige auch – vor dem Eingang in den Tempel auf den letzten Treppenstufen bei der »schönen« Tempeltür und bittet um Almosen (V. 2). Petrus aber gibt ihm kein Geld, sondern das, was er hat: die Kraft, Heilwerden zu bewirken (V. 5).
Die Heilung des Lahmen ist sehr »bewegend«. Die Vielzahl der verwendeten Zeitwörter beschreibt diese Bewegungen: **sehen und ansehen** (V. 3, 4 und 5); **sprechen** (V. 6); **berühren und aufrichten** (V. 7); **fest stehen und aufspringen, gehen, stehen, springen und Gott loben** (V. 8).
Die Sehnsucht, in das Innere des Tempels hinter der »schönen« Tür zu schauen, verbinde ich am Beginn meiner Erzählung mit der Vision des Johannes im Buch der Offenbarung, der im heiligen Jerusalem, also mitten im heiligen Tempelbezirk diese wunderbaren Bilder von einem neuen Paradies sieht (Offenbarung 21 und 22).

Der Text für Kinder (und Erwachsene ...)

In der Umsetzung dieses Textes für Kinder (und Erwachsene) möchte ich zwei wesentliche Elemente des Textes zum Klingen bringen:

1. Die Menschen sind auf dem Weg zum Abendgebet in den Tempel. Dieses Tempelgebet ist die Urform des klösterlichen Chorgebets. Als ein Ritual der inneren Sammlung öffnet das Beten Leib und Seele für das Wirken Gottes, und es macht achtsam für andere. Mit diesem Text werden wir ermutigt, Beten als tragende Ritual-Erfahrung auch und gerade in der Liturgie mit Kindern einzuüben.
● In der Liturgie des Kindergottesdienstes am Anfang und im Schlussgebet möchte ich deshalb dem Beten als elementares religiöses Ritual-Erleben Raum geben.

2. Ich möchte die Kinder (und Erwachsenen) einladen, den Bewegungen des Lahmen im Prozess des Heilwerdens nachzuspüren:
Der Lahme sieht. Er sieht die »schöne« Tempeltür, sieht vielleicht mit seiner Sehnsucht Bilder, wie es jenseits der »schönen« Tempeltür aussehen mag. – Er sieht die beiden Jünger und wird angesehen.
● Für die Sammlungsphase schlage ich deshalb Wahrnehmungsübungen zum Thema »Sehen« vor.
● Das Angesprochen-Werden symbolisiere ich damit, dass Kinder (und Erwachsene) ihre Namen sagen und ihre Namen von der Gruppe hören als Ausdruck der Wertschätzung für die Einzelnen.
● Das Berührt-Werden und Aufgerichtet-Werden kann in einer Körperübung vom Sitzen zum Stehen Ausdruck finden.
● Tanzend können die Kinder (und vielleicht die Erwachsenen) das **Herumspringen-Können** des Geheilten darstellen. Mit dem Singen zum Tanzen und Springen loben sie Gott.
Die Entwicklung eines Bodenbildes begleitet die einzelnen Schritte zur Erfahrung dieses Textes von der Heilung des Lahmen an der »schönen« Tempeltür.

Zielgruppe und Zeitrahmen

Der Gestaltungsvorschlag ist gedacht für Kindergottesdienstgruppen. Er kann aber ebenso bei Kinderbibeltagen oder während Kinderfreizeiten Verwendung finden.
Die Methode der »Religionspädagogischen Praxis« (RPP) nach Franz Kett und Esther

Kaufmann eignet sich mit ihrem integrativen Ansatz besonders für Kinder aus verschiedenen Altersstufen. Sie kann auch gut generationenübergreifend angewendet werden, also für eine gemischte Gruppe von Kindern und Erwachsenen.
Bei einstündigem Kindergottesdienst liegt der Schwerpunkt auf der Erzählung mit begleitender Bodenbildgestaltung. Ist mehr Zeit zur Verfügung, können die Wahrnehmungs- und Körperübungen ausführlicher und somit auch intensiver erlebt werden.

Materialien

- Seil
- mehrere helle Tücher
- Kerze
- rotes Tuch
- Holzstäbe (Säulen in der Halle Salomos)
- blaues Tuch, grünes Tuch und verschiedene Legematerialien für das neue Paradies
- Steine für die Tempelmauer

Sammlungsphase

Entsprechend des Ansatzes der RPP sollte in mehreren Übungen auf die Erzählung und das Bodenbild hingeführt werden. Es ist ein Weg der ganzheitlichen und meditativen Vorbereitung, um die Botschaft der Erzählung aufzunehmen. Diese Übungen können auch bei anderen Erzählungen zur Einstimmung verwendet werden.

1. Die Gruppe im Kreis wahrnehmen

Die Teilnehmenden stehen im Kreis. Sie legen nacheinander die linke Hand auf die rechte Schulter des linken Nachbarn / der linken Nachbarin. Die Teilnehmenden werden eingeladen, mit dem Blick mitzugehen dorthin, wo eine Hand eine Schulter berührt. Wenn der Kreis geschlossen ist, nehmen die Teilnehmenden nacheinander ihre Hand von der Schulter des Nachbarn / der Nachbarin weg. Wieder geht der Blick mit ... Im mehrmaligen Üben werden die Teilnehmenden zunehmend aufmerksamer im Wahrnehmen, und der Kreis zunehmend schneller geschlossen oder gelöst.

Die Teilnehmenden nehmen nun ihre Füße in den Blick. Sie stellen ihren linken Fuß mit dem Außenrist gegen den Außenrist des rechten Fußes des linken Nachbarn / der linken Nachbarin. Wieder wandert der Blick mit, ebenso auch beim Lösen des Kreises ... Diese Übung orientiert sich am »Seh-Horizont« des Lahmen in der Geschichte, der am Boden sitzend vorwiegend die Füße und die Beine der Vorübergehenden sieht.
Diese Wahrnehmungsübungen können in beiden Richtungen gespielt werden. Wenn die Teilnehmenden schon ein wenig geübt sind, können sie das Kreis-Schließen und -Öffnen auch auf Tempo spielen.

2. Beten

— In die Mitte wird eine Kerze gestellt. Sie wird angezündet, dazu wird der Lichtspruch gesagt: »Jesus sagt: Ich bin das Licht der Welt ...« (Johannes 8,12). Danach singen wir das Lied »Die Kerze brennt« (s. rechte Seite).

— Es folgt ein Psalmgebet mit einigen Psalmversen (weniger ist mehr!), die über eine längeren Zeitraum im Kindergottesdienst gleich bleiben können.

— Ich lade ein zum stillen Gebet: »Stille mit Gott.« Die Form des stillen Gebets braucht ein wenig Übung, bis es zum Ritual wird. – Mit dem Gebetsritual am Anfang orientiere ich mich an unseren Erfahrungen. Sie sind natürlich frei, das Beten am Anfang nach Ihren Erfahrungen oder nach dem in Ihrer Gruppe vertrauten Ritual zu gestalten.

Die Kerze brennt

Vor- und Nachspiel

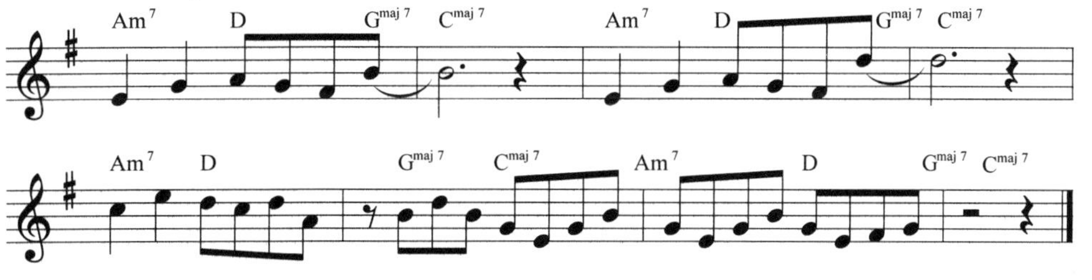

Text und Melodie: Bernd Schlaudt, © beim Autor

3. Die Teilnehmenden »verbinden« sich im Kreis

Ein etwa 10 m langes Seil geht durch die Gruppe von Hand zu Hand. Die Gruppe rückt so weit zusammen, dass sich der Kreis mit dem Seil schließen kann. Die beiden Seilenden werden verknüpft. Ich sage: »Wir verbinden, was uns verbindet.« Wir legen das Seil als Kreis in die Mitte. »Der Kreis mit dem Seil zeigt zeichenhaft, dass wir in diesem Kreis zusammengehören. Jede/r Einzelne ist ein Teil des Ganzen.«

4. Namen klingen

Ein Glockenspiel geht im Kreis herum. Die Teilnehmenden dürfen eine kurze Melodie spielen (z.B. maximal fünf Töne) und sagen dann ihren Vornamen …

5. Schöne Bilder sehen

Ich lasse die Teilnehmenden durch ein Kaleidoskop schauen. Bei großen Gruppen können mehrere Kaleidoskope durch den Kreis wandern. – Das Kaleidoskop-Schauen führt hin zur Sehnsucht des Lahmen, zu sehen, was er wohl sehen würde, könnte er durch die »schöne« Tür den Tempel betreten.

Erzählen und anschauen

Ich erzähle die Geschichte aus der Perspektive des Lahmen.

Vor dem Eingang zum Tempel sitze ich. Ich kann nicht aufstehen. Und ich kann nicht gehen. Zusammengekauert sitze ich da und sehe nur, was unten ist: die Füße und Beine der vorübergehenden Menschen.
Mit mir sind viele andere Arme hier an der »schönen« Tempeltür. Wir warten auf Menschen, die zum Beten in den Tempel hineingehen wollen. Viele, die zum Beten gehen, denken auch an uns, die hier sitzen. Manchmal kommen Füße ganz nah zu mir heran. Dann halte ich meine Hand auf. Manchmal kommt eine Hand von oben und legt ein Geldstück in meine Hand. Dann gehen die Füße weiter und treten durch die »schöne« Tür in den Tempel ein.
Die »schöne« Tür! Wie schön mag es da sein! Wie sehr wünsche ich mir, doch einmal durch diese »schöne« Tür gehen zu können und zu sehen, was dahinter ist.
Ich stelle mir das oft vor, wie es da drinnen ist: Ein wunderschöner Palast ist da in der Mitte, der mit Säulen gebaut ist. Es ist die Halle Salomos; sie erinnert an den großen König. Seine Lieblingsfarbe war rot; ich glaube, dass der Palast rot und golden leuchtet. Dann träume ich manchmal von einem Garten im Innern des Tempels, vom Wasser des Lebens, von einer Allee mit Bäumen, dem wunderbaren Licht der Herrlichkeit Gottes.
Und wenn die Menschen herauskommen aus dem Tempel, sind sie voller Frieden. Wie gern würde ich durch die »schöne« Tür gehen, hinein in den Tempel.

Die Kinder sind nun eingeladen, den Tempelbezirk zu bauen. Wir legen den Kreis innerhalb des Seils mit hellen Tüchern aus. Die Kerze (s. 2. unter »Sammlungsphase«)
wird als Mitte in die Tempelanlage integriert.
Für die Halle Salomos schlage ich ein rotes Tuch vor; mit Legematerial können die Säulen angedeutet werden.
In einem Teil des Seilkreises kann das neue Paradies im neuen Jerusalem (Offbarung 21 und 22) angedeutet werden: der »Fluss des Lebens« (Offenbarung 22, V. 1), die Allee »mit den Bäumen zur Heilung der Völker« (Offenbarung 22, V. 2), das Licht in der Mitte als Zeichen für die Herrlichkeit Gottes (Offenbarung 21, V. 23; 22, V. 5).
Entlang des Seiles bauen wir die Tempelmauer. In die Mauer hinein gestalten wir die »schöne« Tür. Sie kann, wie das Ganze des Tempelinneren, mit Legematerial geschmückt werden.
So wird die geschmückte Tempelanlage im Seilkreis mit der Mauer darum herum zum Zeichen der Sehnsucht für die, denen das Innere des Tempels unerreichbar ist.

Es ist Nachmittag. Bald werden die Menschen wieder in den Tempel zum Beten kommen. –
Da kommen zwei Menschen auf uns zu. Die, die bei mir sitzen, sagen, das sind Jünger, die ganz nahe bei Jesus waren. Sie kommen ganz nahe an mir vorbei. –
Ich fasse mir ein Herz und spreche sie an: »Bitte, gebt mir etwas Geld!«
Die beiden bleiben stehen. Einer beugt sich zu mir herunter, er sagt zu mir: »Schau uns an!«
Langsam drehe ich meinen Kopf so, dass ich ein wenig nach oben sehen kann.
»Schau uns an, wir sind Petrus und Johannes.« – »Geld haben wir nicht, aber ...« –
Und dann geschieht es: Petrus sagt etwas von Aufstehen: »Im Namen Jesu Christi, steh auf.« –
So schnell komme ich da nicht mit. Was will Petrus von mir? Ich kann doch nicht auf meinen Füßen stehen! – Doch er nimmt mich an der Hand; er stützt mich und richtet mich auf. Da spüre ich, meine Füße, meine Knöchel, meine Beine werden fest! Ich kann stehen.
Zunächst bin ich noch unsicher, und ich halte mich an Petrus fest. Dann lässt er mich los, und ich stehe fest auf meinen Füßen. Ich probiere den ersten Schritt. Ganz langsam. –
Es geht. Einen Fuß setze ich vor den anderen. Ich kann gehen. Ich probiere weiter: Ich gehe schneller, ich fange an zu laufen. Ich mache einen ersten Sprung. –
Dann hält mich nichts mehr: ich gehe, ich laufe, ich springe hin zur »schönen« Tür. Gleich werde ich sehen, wie es drinnen im Tempel aussieht. Danach habe ich so große Sehnsucht gehabt.
Ich gehe durch die »schöne« Tür ...

Vertiefung und Weitergehen

1. Körperübung »Vom Sitzen zum Stehen und Gehen«

Die Teilnehmenden kauern sich zusammen und spüren die Körperhaltung des Lahmen an der Tempeltür. –
Dann öffnen sie ihre Sitzhaltung wieder: die Beine ausstrecken, mit den Händen über die Beine streichen, die Füße bewegen. Langsam aufstehen und spüren, wie die Füße fest auf dem Boden stehen; spüren, wie die Beine fest sind; noch einmal mit den Händen an den Beinen entlang herunter streichen.
Das Gewicht auf ein Bein verlagern, mit dem anderen achtsam den ersten Schritt ausführen. – Dann erst einen nächsten Schritt probieren und ins Gehen kommen ...

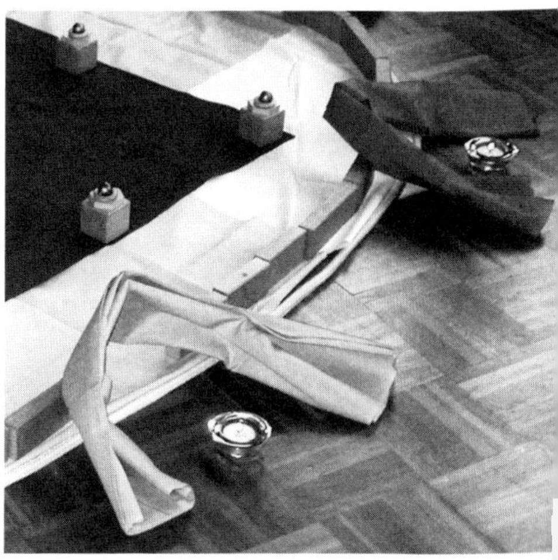

2. Tore gestalten als Zugang zum Heiligen des Tempels

Die Kinder werden eingeladen, von der Tempelmauer Bausteine wegzunehmen, um Tore zum Innern des Seilkreises entstehen zu lassen.
Außen an das Seil legen die Kinder mit zusammengerollten Tüchern in der Form eines Tores ihren eigenen Zugang zur Mitte.
In die Mitte des Tores können sie ein Licht stellen. Ich sage dazu: »Euer Tor zur Mitte mit dem Licht darin zeigt: das Licht der Herrlichkeit Gottes im Tempel strahlt für eine jede / einen jeden von euch auf. So können wir Gott loben im Singen, Tanzen und Springen ...«

3. Singen und Tanzen

Steh auf, bewege dich

Text: Thomas Laubach; Melodie: Thomas Quast
Aus: Ruhama – Liederbuch 1994

Sich zu dem Lied bewegen und tanzen:

1. Klatschrhythmen hinzufügen (s. X über den Noten: klatschen, mit den Fingern schnipsen, klopfen, stampfen).
2. Im Kreis sitzen, in der ersten Zeile des Liedes aufstehen, sich strecken und tanzen.
Zweite Zeile: einen Partner mit Blicken auswählen, auf ihn zugehen.
Dritte Zeile: den Partner über Kreuz an den Händen fassen und sich umeinander drehen.
Bei der zweiten Strophe sich trennen und einen neuen Partner suchen.

(Ideenbörse zu »Menschenskinderlieder 2«, hrsgg. von Birgit Müller und Burkhard Jungcurt, Zentrum Verkündigung der EKHN, Frankfurt/Main, S. 227)

4. Schlussliturgie

Gebet

Gott wir danken dir für unsere Füße,
dass sie gehen können.
Gott wir danken dir für unsere Beine,
dass sie tanzen und springen können.
Gott wir danken dir für unsere Hände,
dass sie andere Hände greifen können.
Gott wir danken dir für unsere Augen,
dass sie andere ansehen können. …

Die Kinder und die Erwachsenen können weitere Dankverse sagen.
Das Gebet wird wie folgt abgeschlossen:

Gott, wir bitten dich,
lass uns beweglich sein und in Bewegung sein,
dass wir uns freuen können
und zu dir kommen können
und deine Herrlichkeit spüren dürfen. Amen.

Vater unser …

Aufheben der gestalteten Mitte

Wichtig ist, am Ende das gestaltete Bodenbild aufzuheben, z.B. mit der folgenden Einladung an die Kinder.

Wir lassen die äußere Gestalt des Bodenbildes los, können mit einer Handbewegung zum Herzen hin das in uns aufnehmen, was wir behalten möchten. Dann können wir das Bodenbild gemeinsam aufräumen.

Die Kerze bleibt noch in der Mitte stehen.
Wir versammeln uns zum Segen im Kreis um die Kerze.

Segen

Die rechte Hand formt nun bitte zu einer Schale und streckt sie aus, um den Segen zu empfangen.
Die linke Hand legt bitte auf die rechte Schulter des linken Nachbarn / der linken Nachbarin als Zeichen, den Segen weiterzugeben …

Den Segen sprechen, hören, empfangen, weitergeben …

Weitere Lieder / Psalm

Du bist heilig, du bringst Heil (DS 311; MKL 2,25)
Von deiner Güte singe ich (MKL 2,110)
Psalm 121 (besonders: V. 1 und 2)

Gerhard Kurmis

Bezugsquellen für die im Buch verwendeten Legematerialien

(Produktinformationen und Preise: Stand Juli 2007)

Kreativtasche

Die Tasche enthält eine preiswerte Grundausstattung für die Arbeit mit Legematerialien:

Inhalt:

- Tasche (Nylon, schwarz, mit Schultergurt, aufgedrucktes weißes Fischsymbol)
- Anwendungsheft »Feiern mit allen Sinnen« mit praktischen Beispielen zu den vorliegenden Materialien (48 Seiten, kartoniert)
- Tücher-Set 1: 6 Baumwolltücher (70 x 70 cm) in den Farben: gelb, rot blau, violett, grün, schwarz
- Kerze mit vier Verzierwachs-Plättchen
- Keramik-Kranz zum Legen und Gestalten einer Mitte (ø 15 cm, Ring ca. 1,5 cm breit)
- 10 Holzkegelfiguren (5 cm Höhe)
- 20 Holzstäbe (6 cm, Kantenlänge 1 cm)
- 20 Holzscheiben (4 cm ø, 1 cm hoch)
- 2 Glastropfen klar (je 5 cm lang)
- Glasnuggets (300 g im Netz, mit ca. 70 bunten Glassteinen)
- Federn (Beutel mit 12 Stck., farbig)
- Baumwoll-Kordel (6 mm ø, 10 m lang)

Tasche mit Inhalt zum Komplettpreis von **€ 59,–**

Best.-Nr. 528
Verlag Junge Gemeinde
Postfach 10 03 55
70747 Leinfelden-Echterdingen
E-Mail: vertrieb@junge-gemeinde.de
Internet-Shop: www.junge-gemeinde.de

Best.-Nr. 44 41 66
Versandbuchhandlung Kath. Bibelwerk
Postfach 15 04 63
70076 Stuttgart
E-Mail: impuls@bibelwerk.de
Tel.: 07 11 - 6 19 20-26/-37

Einzelmaterialien zum Gestalten

Tücher-Set 1: 6 Baumwolltücher (70 x 70 cm) in den Farben: gelb, rot, blau, violett, grün, schwarz
€ 19,90; **Best.-Nr. 420**

Tücher-Set 2: 6 Baumwolltücher (70 x 70 cm) in den Farben: gelb, rot, blau, violett, grün, schwarz
€ 19,90, **Best.-Nr. 470**

Set 1 Chiffon-Tücher (Kunstseide, 90 x 90 cm) in den Farben des Kirchenjahres: rot, grün, violett, schwarz, weiß
€ 19,90, **Best.-Nr. 463**

In Planung für 2008:
Set 2 Chiffon-Tücher (Kunstseide, 90 x 90 cm) voraussichtlich in den Farben: gelb, orange, hellblau, dunkelblau, lindgrün

Glasnuggets (300 g im Netz, ca. 70 bunte Glassteine) € 4,--, **Best.-Nr. 428**

Halbedelsteine im Organzabeutel (500 g im Netz, in verschiedenen Farben mit Identifizierungskarte)
€ 9,90, **Best.-Nr. 539**

Keramik-Kranz zum Legen und Gestalten einer Mitte (ø 15 cm, Ring ca. 1,5 cm breit) € 9,90, **Best.-Nr. 478**

10 Holzkegelfiguren (5 cm Höhe)
€ 4,90, **Best.-Nr. 471**

10 Holzkegelfiguren (7 cm Höhe)
€ 7,90, **Best.-Nr. 472**

20 Holzstäbe (6 cm, Kantenlänge 1 cm)
€ 5,90, **Best.-Nr. 473**

20 Holzstäbe (10 cm, Kantenlänge 1 cm)
€ 8,90, **Best.-Nr. 474**

20 Holzscheiben (4 cm ø, 1 cm hoch)
€ 6,90, **Best.-Nr. 475**

20 Holzscheiben (6 cm ø, 1 cm hoch)
€ 9,90, **Best.-Nr. 476**

Holzkreuz (Buche, 7,5 cm lang)
€ 2,–, **Best.-Nr. 429**

Glastropfen klar (je 5cm lang) zum Aufhängen oder Legen € 1,–, **Best.-Nr. 431**

Baumwoll-Kordel (6 mm ø, 10 m lang)
€ 2,90, **Best.-Nr. 486**

Federn (Beutel mit 12 Stck., je 12-16 cm lang, farbig) € 2,50, **Best.-Nr. 483**

Salböl-Flasche, Ätherische Öle, zusammengestellt auf Olivenöl-Basis mit Nardenöl, Hoholz u.a., Flasche mit 30 ml € 6,90, **Best.-Nr. 527**

Salböl-Gefäß, Ton-Fläschen mit Korken (ca. 5,5 cm ø) € 5,90, **Best.-Nr. 479**

Rose von Jericho € 3,–, **Best.-Nr. 430**

Klangschalen-Set aus Messing, mit Holzklöppel und Kissen
€ 24,90, **Best.-Nr. 480**

Verschiedene Biegepuppen
(ca. 10–12 cm groß) mit frabigen Stoffen bekleidet.
Je Figur € 12,90 (Staffelpreise)
z.B. Biegepuppe Frau: **Best.-Nr. 503**
Set »Hirte und Schafe« € 12,90
Best.-Nr. 630

Bestellungen und Informationen zu weiteren Materialien:

Verlag Junge Gemeinde
Postfach 10 03 55
70747 Leinfelden-Echterdingen
E-Mail: vertrieb@junge-gemeinde.de
Internet-Shop: www.junge-gemeinde.de

Nyloncreptücher (Chiffontücher), 72 x 72 cm, Sortiment mit 15 verschieden farbigen Tüchern (weiß, gelb, orange, hummer, rosé, dunkelrosé, gift, cherry, pflaume, hellblau, dunkelblau, marine, tanne, jade, rot)
– als Set € 25,80, **Best.-Nr. 9101**
– Einzeln € 2,–, **Best.-Nr. 9102**

Baumwolltücher (80 x 80 cm)
– Grundsortiment (16 Tücher: 4 rot, 4 dunkelblau, 4 mittelgrün, 2 gelb, 2 orange oder nach Wahl)
€ 79,80, **Best.-Nr. 9050**

– VE Stofftücher (4 Tücher, Farben nach Wahl) € 20,80, **Best.-Nr. 9096**

– Stofftuch einzeln (Farbe nach Wahl, Lieferbare Farben: weiß, schwarz, hellblau, flieder, violett, dunkelgrün, grau, weinrot, hellbraun, dunkelbraun, nachtblau, rot, dunkelblau, mittelgrün, orange, gelb) € 5,80, **Best.-Nr. 9001**

Runddecke für Bodengestaltungen
(1,5 m ø, Baumwolle) in den Farben: blau, gelb, grün, rot, dunkelbraun, weiß, Einzeln € 16,40, **Best.-Nr. 9125**

Sortierkorb mit Holzlegematerial bunt
(ca. 580 Teile, 12 Sechsecke gelb, 24 Rhomben blau, 35 Rhomben natur, 150 Scheiben bunt, 100 Stäbchen bunt, 24 Kugeln gold 20 mm, 80 Glockenperlen gelb, 100 Großlochperlen bunt, 50 Dreiecke grün € 52,80, **Best.-Nr. 5045**

Bestellungen und Informationen zu weiteren Materialien:

RPA-Verlag GmbH
Gaußstrasse 8
84030 Landshut
Internet-Shop: www.rpa-verlag.de